深圳 *7000* 年

——深圳出土文物图录

深圳市文物管理委员会办公室
深 圳 博 物 馆 编
深 圳 市 文 物 考 古 鉴 定 所

文物出版社

目　录

序

作为一座迅速崛起的现代化都市，深圳是年轻的。从经济特区成立之日算起，我们的城市今年也不过26周岁，正逢青春年华。然而，我们脚下的土地又是古老而丰厚的。距今约7000年前，文明的曙光已经在这里初现；地处南国边陲的深圳，也有一部绵延不断的悠久历史。

自上世纪80年代以来，我市已先后开展了两次文物普查，查明全市地上、地下古代文化遗存共1694处，其中先秦时代遗址（包括古遗物采集点）就多达157处。配合城市基本建设，考古工作者对一些重要古代文化遗址进行了发掘。在土地面积狭小的深圳，大量先秦时代遗址、遗物的发现，着实令人惊叹。即使在今天中原地区城市中，如此数量和密度的发现，也是不多见的。而且，根据出土的石器、陶器、青铜器等遗物观察，从新石器时代中期到春秋战国，历史演进的脉络大体清晰。独特的文化面貌、鲜明的地方特色以及某些文化类型（如"咸头岭文化"）所具有的填补岭南考古编年空白的重要价值，已引起考古学界高度关注。南山区屋背岭商时期墓葬群的考古发掘，被评为2001年度"全国十大考古新发现"。文物考古专家卓有成效的工作，不断复原着深圳历史，丰富着"城市记忆"。

保护文化遗产，是我国一项重要的文化战略，是构建社会主义和谐社会的基础工程。去年年底下发的《国务院关于加强文化遗产保护的通知》，更是将文化遗产保护的意义与作用提升到"维护国家文化安全"的高度，要求各级人民政府和有关部门进一步增强责任感和紧迫感，切实做好文化遗产保护工作。近年来，我市各界有识之士也通过各种渠道，不断呼吁采取有力措施，保护好我市的文化遗产。2005年是我市的"文物保护年"，由政府主导并举全市之力推进文化遗产保护事业，这一做法不仅在我市历史上是第一次，而且从全国来看亦无先例。这充分体现了市委、市政府对文化遗产保护的高度重视。

然而，在构建"和谐深圳"的今天，我们也常常听到一些不和谐的声音。不少人认为：深圳是移民城市，缺乏深厚的历史文化积淀，与北京、西安等古都相比，文物资源少，文物价值不高，文物保护真有那么重要吗？诚然，在一个相当长的历史时期，由于深圳远离华夏文明（中原文明）的中心地区，政治、经济、文化诸社会形态无可避免地带有"边缘"色彩——应当说是一种地方特点。古代深圳文化（岭南文化）与中原地区文化，是个性与共性的关系。因而，期求深圳获得与中原古都同等的历史地位和评价，是不客观的。相反，就此怀疑和贬低深圳的历史文化，也不能说是一种理智的态度。中国的考古学实践，已充分证实这样一个观点：灿烂的中国古代文明是一个整体，即使是曾经作为核心存在的华夏文明，也并非是一个地区单独创造的，各个不同历史区域的文化都曾对她的生成与壮大作出过自己独特的贡献。因此，在文化生态上没有谁可以取代谁，也没有任何一种地方文化是可以被轻视和遗忘的。今天的深圳尽管外来人口居多，但这座城市毕竟是在岭南大地上崛起的，从文化传承的意义上讲，必须注重对作为岭南文化构成的深圳历史文化的保护。越是发达和先进的城市越有"寻根"的需要；文物资源越是稀缺就越要珍惜。保护文化遗产的主要目的，也是为了更好地继承和发扬优秀的传统文化。历史上深圳人民曾创造出丰富多彩的优秀文化，形成自强不息、顽强进取、包容开放、重教崇文等优良传统，这些都是深圳历史文化的精华。因此，文化遗产保护要和城市发展和精神文明建设紧密结合起来，在保护过程中，使城市文化和市民素质得以提升，社会发展获得历史的支撑和持续的动力。

近年来，随着我国城市化步伐的加快，不少城市配合基本建设的考古工作大规模展开，掩埋于地下的城市历史不断显现，许多原本模糊的城市记忆又重新变得清晰起来。在这一波城市考古的热潮中，深圳更应当有所作为。深圳历史源远流长，而解读和复原这一历史，正是我市文物考古工作者应尽的职责。就文物工作自身而言，从文物政策的制定，到一座古迹的保护，也都要在吃透当地历史的前提下进行。如果在这方面不能有所作为，那么我们的工作就势必陷入被动，不但难以在自身学科建设上占据优势、取得突破，而且也难以获得社会的理解和支持。文化遗产的保护，说到底是一项社会系统工程，需要社会各方面的大力协作。对此，我们一定要有清醒的认识并作出积极的姿态。让各界朋友和广大市民走进博物馆，穿越时空隧道与7000年的历史相会，了解深圳，热爱深圳，增强家园意识，共建和谐社会，这也正是我们举办"深圳7000年——深圳市出土文物展"并出版这部图录的目的与意义所在。

陈　威

2006 年 4 月

（本文作者为深圳市文化局局长）

概　述

一座现代化城市需要历史的记忆。一座新兴的移民城市更应该珍视物质的、非物质的文化遗产。保护历史文化遗产就是保护城市的精神价值、生命力和创造力，保护历史文化遗产就是维护世界文化的多样性、促进人类的共同发展。历届深圳市委、市政府十分重视文物保护和考古发掘工作。20多年来，文物工作者经过辛勤的劳动，以丰硕的考古成果令人信服：深圳也有深厚的历史文化底蕴，绝非只有不到30年历史的所谓"一夜城"，它在历史上也绝非"蛮荒之地"。在"深圳7000年——深圳市出土文物展"中，人们可以触摸到这座年轻而又古老的城市七千年来依然温热的历史。

一、史前文化

深圳枕山面海，在170多公里的海岸线上，分布着许多海湾良港。距今10000年左右的全新世初期，冰期结束，海平面逐渐上升，尔后逐渐形成海湾沙堤。海湾岬角沙堤内为泻湖平原，并有山间小溪流入大海。这种前可渔、后可猎、旁可耕的地理环境，十分适合人类的生存，原始人类的足迹几乎遍及深圳地区。就是在海湾岬角古沙堤中，发现了距今约7000年的"咸头岭文化"。

"咸头岭文化"是一个考古学文化的概念。到目前为止，环珠江口地区发现20多处新石器时代中期彩陶遗址[1]，有着同样形式的工具、用具和相同的制作技术等。咸头岭文化遗存最具典型性，既涵盖了这些遗址的共性，又有明显的个性，是这个区域史前文化的一杆标尺。于是考古学家将该类史前文化遗址命名为"咸头岭文化"[2]。

咸头岭遗址位于大鹏湾畔叠福村前的海湾古沙堤上。1981年发现，迄今经5次发掘，发掘面积共2323平方米。发现墓葬、房屋基址和灶台等遗迹。在地层中出土200多件石器，以磨光石器为主，也有打制和天然石器；修复陶器100多件，以夹砂陶占大宗，器表多饰绳纹，少数饰贝划纹和贝印纹。泥质橙黄陶多饰彩绘，白陶多饰精美的压印纹，灰陶饰粗绳纹。陶器类主要有圈足盘、釜、罐、钵、豆、尊、壶等。石器类锛最多，另外还有斧、拍、圆饼、砧、刀、环、石球、砺石等[3]。珠江流域经考古发掘的新石器中期遗址，咸头岭遗址面积最大，出土陶器最为系统、丰富，器类多，纹饰精美，制作工艺水平最高，是深入认识珠江三角洲地区新石器时代较早时期考古学文化的关键。

咸头岭遗址的年代，北京大学加速器质谱（AMP）碳十四 测试和新西兰维卡托大学放射性碳测年实验室测了不同层位共9个数据。其中测定最早的下层（04XTLT2 ⑧）数据分别为：北京大学测定数据5965±40BP ，树轮校正后为公元前4940年；新西兰维卡托大学测定数据5973 ± 47 BP，树轮校正后为公元前4990年。即：下层的年代距今近7000年[4]。1980年10月，在今小梅沙宾馆北侧公路工地中，发现新石器时代遗址，发掘出土广东第一件新石器时代的彩陶圈足盘，盘周身用赭红彩绘画的流水与浪花图案，线条流畅、构图新颖、结构严谨[5]。

1988年，深圳博物馆与中山大学人类学系合作，发掘了葵涌土洋村大黄沙遗址，出土陶器有釜、罐、钵、盆、豆、器座、圈足盘、碗、支脚等。泥质彩陶纹饰丰富，纹样有50余种，多以水为题材，表现流水和浪花，这表明珠江流域史前彩陶的发展达到繁盛时期。石器磨制最多，其次为打制、天然石料工具，种类有锛、斧、陶拍、圆饼、砧、砺石等[6]。

1993年，深圳博物馆考古队发掘大梅沙古遗址。该遗址分布在大梅沙古沙堤上，考古工作者将东西两端分为Ⅰ区、Ⅱ区。发掘表明，Ⅰ区是新石器时代中期文化遗存，Ⅱ区是青铜时代的文化遗存。Ⅰ区出土的石器、陶器与小梅沙相似，出土的夹砂陶片所饰绳纹极为细腻。

大黄沙遗址第四层出土炭化粮食标本经碳十四测定，年代为距今 5600 ± 260 年（未经树轮校正）；大梅沙遗址Ⅰ区下层木炭标本经碳十四测定，年代为距今 6250 ± 240 年（未经树轮校正）。按高精度树轮校正后，大梅沙遗址年代为距今 6535～5930 年，大黄沙遗址年代为距今 6480～6007 年，两遗址测定年代比较接近。粤港考古学者根据遗址的文化面貌和参考碳十四测定年代，认为大黄沙、大梅沙以及小梅沙遗址的年代距今6500年是可信的[7]。

距今约5000年左右，人类进入新石器时代晚期阶段。石器生产工具明显进步，出现有段石锛和双肩石斧；陶器烧造火候增高，纹饰流行曲折纹、方格纹。深圳新石器时代晚期遗存以蛇口赤湾遗址为代表。该时期遗址的分布除海湾沙堤外，在山间台地有更多的发现，目前已发现30多处，说明了人类居住区域的扩展。

赤湾新石器时代晚期遗址，位于蛇口大南山下赤湾村前的海湾古沙堤。4000多年前，古代居民就在海湾的沙堤上搭起窝棚，过起渔猎、采集为主，刀耕火种为辅的生活。

1980年，考古工作者调查发现赤湾遗址并进行发掘。遗址文化层厚30多厘米，灰黑色细沙层，出土遗物有陶器、石器。陶器皆手制，口沿轮修，黑色、红色夹砂陶占88.4%，红色、灰色泥质陶占11.6%，使用印模拍印纹饰，其中绳纹、条纹占89.6%，另有曲折纹、叶脉纹、方格纹、简单雷纹和刻划纹。器类有圜底罐、釜、大口尊、矮圈足尊、矮圈足豆、喇叭形器座、炉箅等[8]。

二、南越归汉

南越是百越的一个种族。过去有史学家认为南越族源于夏民族。罗香林在《百越源流与文化》一书 "越族源出于夏民族考"中认为："越民族既为夏桀失去共主地位后其所属种人所演称，则论述越民族迁徙之经过，自不能不推索夏桀失国后其种人之迁徙情形。"[9]这是黄河流域华夏中心说的典型观点。我们认为，与其说是"种人"迁徙、演化，倒不如说是文化的传播或影响更为确切。

在世界人类文明史上一直存在着民族区域发展的不平衡性。在中国古代也是如此，进入文明时代，南方的文明进程相对中原地区滞后，当黄河流域进入夏商奴隶制社会，特别是商朝创造出灿烂的青铜文化时，岭南尚处于原始社会末期向文明时代过渡的阶段。商统治势力虽未越过南岭，但商文化或多或少对岭南产生了影响。到了两周时期，中原的先进文化对岭南地区的影响不断扩大，特别是秦始皇统一岭南、汉武帝平南越，加速了南越的汉化进程。2001年被评为"全国十大考古新发现"的深圳南山区屋背岭商时期墓葬群充分证明了这一进程。

屋背岭商时期墓葬群是岭南地区目前已发现及发掘规模最大的商时期墓葬群,试掘和正式发掘的商时期墓葬已有94座。出土的陶器有釜、罐、豆、碗、钵、尊、杯、器座、纺轮。器物多为圜底、圈足和凹底器，少数平底器，无三足器。以罐、釜、豆为基本组合。此外，还发现一些玉石器和兵器[10]。

屋背岭的考古重大发现，对于证明岭南地区先秦时期考古学文化的编年、岭南古代文明的进程、环珠江三角洲地区与其他地区文化的交流,对于沿海小地理单元考古学文化乃至中国边疆考古学文化的研究，都具有很重要的意义。北京大学著名教授邹衡认为，虽然少量出土文物有中原文化的痕迹，但岭南特点还是主要的。当时商的统治未能到达这里，严格地讲，这些文物不属于商文化，而是属于商时期岭南地区的特色文化。这次发掘成果从考古学的角度证明了岭南地区早在3000多年前就有了自己的文明存在。

在大鹏湾畔的咸头岭遗址上文化层，清理了5座商时期的墓葬，出土的器物较屋背岭商时期墓随葬品更为精致[11]。

1997年，在南头向南村发掘了一处大型商时期遗址，陶器的器形和纹饰与屋背岭墓葬中出土的器物大同小异[12]。

考证深圳古代社会及其发展，可以把更广阔的视野投向周边地区，对同一个考古学区域文化进行比较研究，能更深刻地解读深圳本地古代社会的密码。

1997年，被评为"全国十大考古新发现"的香港东湾仔北遗址，清理出20座史前时期的墓葬，其中新石器时代晚期墓葬19座，商时期墓葬1座，出土文物极为丰富。十分重要的是，多座墓中保留了人骨，为研究珠江三角洲乃至岭南地区种族提供了难得的实物资料[13]。

商时期，岭南地区是否已经出现青铜制造业，到目前为止还没有确凿的考古材料来证实。但到了西周以后，广东地区青铜器发现不断增多。香港的青铜时代遗址有南丫岛的深湾、大湾、榕树湾、芦须城；大屿山的蟹地湾、东湾、万角咀、沙螺湾；马湾东湾仔和赤鱲角、过路湾等。这些遗址出土青铜器有斧、钺、矛、戈、剑和篾刀等，还发现了铸造铜斧的石范，说明当时人们已掌握了铸造青铜器的技术。这个时期的陶器以夔纹陶为代表，已出现原始瓷。石器的制作水平亦有所提高，抛光精美的石英环，便是当时的代表作。在南丫岛还发现牙璋[14]。

与深圳近邻的博罗横岭山（改革开放前同属惠阳地区）两周遗址考古发现，于2001年被评为"全国十大考古新发现"，发掘出两周时期墓葬300多座，出土了大量精美的陶器、原始瓷器、铜器、玉石器、铁器等，其中首次在广东两周时期的墓葬中发掘出土了铜甬钟（礼器）[15]。

1993年，考古人员在发掘大梅沙遗址Ⅱ区时，清理出10座青铜时代的墓葬，其中6座墓共出土11件青铜器，器类有剑、矛、钺、篾刀。在深圳地区与大梅沙青铜墓同期的遗址，调查发现或发掘的还有观澜追树岭、蛇口鹤地山等20多处[16]。

1987年，考古人员配合广深高速公路建设，发掘了南山区西丽茶光村南面的叠石山战国遗址，出土大量的文化遗物，有陶片、陶器、石器、青铜器和铁器。陶器纹饰有方格纹、夔纹、回字纹、菱形纹、重圈纹、云雷纹、米字纹、篦点纹、弦纹、指甲纹等几何印纹[17]。

叠石山遗址中夔纹陶与米字纹陶共存、青铜器与铁器共存。这个发现为长期以来考古学界对它们之间出现和消亡时间上下限问题的争论划上了句号。最为重要的是出土了4件铁斧。虽然广东地区发现先秦时期的铁器不多，但至少说明深圳早在战国时期，铁器已用于农耕生产。铁器的使用，更大程度地促进了生产力发展水平，极大地促进了经济社会向前发展。

据《吕氏春秋》记载，百越之地曾经存在过古缚娄国。谭其骧教授主编的《中国历史地图册》的战国地图上也详细标明缚娄国在博罗县境内。横岭山墓葬群中发掘出了铜甬钟和鼎，连同墓葬群的其他出土物所反映出的"钟鸣鼎食"之贵族气象，说明东江流域可能曾经存在过一个古国。另一有力证据是，墓葬群以等级地位为规范排列得非常整齐，贵族墓葬区基本在山腰以上和山脊，大件铜器主要在这里出土，而平民墓葬区基本集中在山下，这在一定程度上反映出这些先人生存于一个相当完整的社会组织中，并且建立了等级严格的社会制度[18]。这些发现连同上个世纪初以来在博罗、增城一带和深圳大梅沙、叠石山等系列考古发现，为共同寻找和复原先秦时期的缚娄国提供了非常重要的资料。

广东包括深圳先秦时期的考古发现，足以证明岭南地区经济社会发展水平和社会性质，越人的社会组织和武装力量在一定程度上可以抗衡中原的军事势力。

秦始皇统一六国后，发兵50万，矛头直指岭南，虽然进攻目标包括闽越在内，但仍然以南越为主要对象，后来真正入主岭南的，仅是任嚣、赵佗的队伍。秦始皇统一岭南后设立南海郡，下属有番禺、龙川、博罗、四会四个县，深圳为番禺县管辖。至此，深圳这块古南越族人繁衍生息之地连同整个岭南地区被划入了中华民族统一大帝国的版图。

据考证，赵佗率领的占领军约5万人。赵佗向中央政府要缝补衣物妇女，只给了一半。因此，赵佗采取"和集百越"政策，甚至"魋结箕倨"，以"蛮夷大长"自居，史称"汉越杂处"，与南越族和平共处，互相融合。

乘汉兴秦灭之机，赵佗建立南越国，自封南越武帝。汉朝中央政府巩固后他又审时度势，俯首称臣，向中央政府要种子、牛马、先进的生产工具和先进的生产技术，发展南越国的社会经济。南越国共传5代，历时93年。赵佗死后，汉武帝时国力增强，于元鼎六年（公元前111年），借口颇得越人信赖的三朝元老吕嘉叛乱，派大军灭了南越国，实现了真正的统一中国[19]。

汉武帝极力加强对南越的控制并推进其发展，将交趾郡府从南越国的番禺（今广州）移至漓江下游的桂江与西江交汇处的广信（今封开和梧州一带）。广信作为岭南的府治所在地，从西汉到东汉末年，持续了375年。在这近400年间，特别是一批又一批的中原移民，汉文化对南越文化的强势渗透或覆盖，使南越族"汉化定型"[20]。

1983年震惊中外的广州西汉南越王墓考古发现，出土文物之多、之精，信息量之大，充分印证了上述史实[21]。自上个世纪50年代以来，广东发掘数以千计两汉时期的大小墓葬[22]，无论从墓葬的形制还是随葬品，都可以找到"越人归汉"的足迹。

1981年考古人员在深圳市南头红花园发掘了一座南越国时期的墓葬，出土了2件三足陶盆和2件陶杯[23]。这表明深圳地区在南越国时期不仅是赵氏政权的当然属地，而且是南越国文化——岭南西汉早期文化的重要代表地之一。

东汉时期南头古城一带居民越来越多，经济也越来越发达。南头至西乡、沙井一带发现多处东汉砖室墓群，仅在红花园就发掘了8座[24]。墓葬群的发现，说明东汉时期深圳地区的政治、经济、文化已发展到相当的水平。1955年，在距现在皇岗海关20公里的香港新界李郑屋村，发现了一座大型东汉砖室墓，长7米，宽6米许，略小于南头红花园M4，但保存完好，出土70余件文物，其中有墓砖刻"大吉番禺"、"番禺大治历"铭文[25]，证明东汉时期深圳、香港属番禺县辖区无疑。

在深圳南头红花园汉墓中发现的"九九口诀"铭文砖，尤为引人注目。"九九口诀"是在中原地区大约于春秋时期形成的，用汉语来描述运算乘除法，是北方华夏族九章算术科学文化的结晶。在远离中原地区的深圳，"九九口诀"被工匠刻在墓砖上，用炉火烧制成器，说明它作为一门重要的科学文化知识，已在南海之滨得到了普及[26]。此外，深圳东汉铭文砖"熹平四年"（公元175年，汉灵帝刘宏年号）、"末"、"山"、"王"等文字，说明汉字文化已在古南越地区生根[27]。

三、设郡建县

环珠江口地区面临苍茫的大海，背负肥沃的田野，殷富的市井。东吴孙权的使臣步骘曾慨叹："斯诚膏腴之地，宜为都邑！"吴甘露元年（公元265年），南头汉番禺盐官旧地设置了司盐都尉的官职，修筑城池及司盐都尉官署，命名为"司盐都尉垒"。南朝末叶城池荒芜，又被称为"芜城"[28]。

1985年4月，考古人员在西乡流塘富足山上发现了1座东吴时期的墓葬，出土了一批精美的青瓷器，其中 1 件猪形青瓷壶，可谓文物精品，从一个侧面证明了这个地区的经济发达和社会繁荣[29]。

随着深圳在环珠江口地区乃至粤东南经济、文化地位的确立，东晋成帝咸和六年（公元331年）分南海郡立东官郡，下辖六个县（宝安、安怀、兴宁、海丰、海安及欣乐），东官郡和宝安县治所均设在三国吴时建立的司盐都尉垒附近，即今深圳市南山区南头古城一带。东官郡所辖六县中，第一个是宝安县。宝安县管辖范围大致包括今深圳、东莞、香港及邻近地区。深圳地区从此有了郡和县的行政机构，郡治南头成为深圳乃至粤东南地区政治、经济和文化中心[30]。

东官郡城的准确位置和范围在今南头城一带。2001年，深圳考古人员在明清南头城南门外西侧发掘出一条东西长 110 米、南北宽 38 米的魏晋时期的护壕。护壕内出土了大量的东汉砖和三国、东晋、南朝陶瓷器。这一考古发现可以说明史书的记载并非虚构[31]。

2000年被列入"全国重要考古发现"的宝安铁仔山古墓群，自1983年以来发掘了数百座东汉至明清时期的古墓葬[32]。其中东晋、南朝墓较多，包括南头红花园、西乡、沙井一带清理的东晋、南朝墓不下百座。墓葬大小和随葬品多寡不一，大多数为砖室墓。墓室结构仿地面建筑，前有下水道，墓室前端设厅堂、天井、门廊、立柱、窗棂、祭台等，铺地砖花样繁多，券顶讲究。在铁仔山晋墓中发现 16 块"大兴二年"（公元 319 年）、"大兴四年"（公元 321 年）、"太宁二年"（公元 324 年）纪年铭文砖，"大兴"、"太宁"分别是东晋元帝司马睿、明帝司马绍的年号，铭文并有秦砖汉瓦中常见的吉祥语，如"甲申宜子孙"之类。在西距南头古城仅数公里之遥的铁仔山发现大型的公共墓地，是古代深圳城市建设和发展历史的人文见证。

在封建时代，殡葬是一项重大的礼仪活动，葬习和葬式，特别是随葬品，是人们生活和思想观念的直观反映。深圳两晋南朝墓出土的青瓷器制作工艺精细，种类繁多，有食具、酒器，也有文房用具（如各种造型的砚台）等，显示出当时深圳地区的经济社会发展状况。

"永嘉世，天下荒，唯广州，平且康"，这是广州晋墓出土的一块铭文砖上的记载[33]。自中原"八王之乱"、"永嘉之乱"后，经济重心南移，大批流民开始向南迁徙，这也就是客家先民的第一次迁徙。

深圳沙井至今还保留着一座东晋时人黄舒的坟墓，它记录着深圳地区一个接受中原儒家文化的故事。随着中原人士南迁和更大规模的文化传播，中原儒家传统的道德观念成为当地人们的行为准则。宝安县人黄舒十分孝顺父母，当地人和北方来的移民都很钦佩他，说他像战国时的大孝子曾参，因而将他居住的地方改名为参里，将他住所旁的山改名参里山[34]。

四、海洋经济

海洋文化标志性建筑天后宫（庙）、洪圣宫（庙），在深圳、香港地区少说也有 50 座。建于明代的赤湾天后庙，无论其规模还是"灵验"声誉在珠江流域都首屈一指，甚至扬名东南亚。《新安县志》记载，明代张源出使西域渡海途径屯门海，专程登岸到赤湾天后庙祭拜。水神天后、洪圣不仅是浮家泛宅疍民顶礼膜拜的神明，也是海上交通的保护神。1982年，深圳博物馆考古人员在赤湾天后庙遗址中征集一对清嘉庆二十年（公元1815年）的石狮子。这一对大石狮雕刻线条流畅，造型独特，柔中有刚，形神兼备，在同类文物中所罕见。这2件珍贵文物目前陈列在深圳博物馆南广场，供游人观赏。

海上交通　1982年，建赤湾深水港码头清理行道时发现沉船，打捞出一件清康熙时期的青瓷碗以及船灯、铁锚和大量的船体木构件。赤湾天后庙曾发现一块残碑，上面刻着"洋泊往来莫不经由于此……"字样。据《汉书·地理志》记载，汉代广州就是对外贸易港市。隋唐至宋元时，各朝政府均实行对外开放贸易政策。随着西亚大食国兴起，航海技术不断进步，南海交通对外贸易日益繁荣。唐代的广州更成为东方第一大港。"海上丝绸之路"由广州始发，经东南亚和印度洋沿岸抵达印度、古希腊、罗马、埃及等国，航线长达14000余公里。广州设立市舶司专管外贸[35]。屯门至赤湾水域是广州海上交通的枢纽（地方志记载颇详），唐代在深圳南头设立"屯门镇"，驻兵2000人，保护海上往来商贾。明代广州中外贸易更为活跃，出现垄断的"十三行"。清代的粤海关对管理外贸和限制走私也起了一定的历史作用[36]。

瓷器、香药（据香港历史学家萧国健博士考证，香港的得名与香药有关）[37]、铜钱是当时的主要出口品。唐代梅州水车窑，宋代广州西村窑、潮州窑、海康窑、建窑，明代的景德镇窑等产品都是外贸畅销货。由于深圳、香港是广州之外港，往来商船需在这里补给食物、淡水，故以上各窑口的瓷器在遗址、墓葬中都有发现。20世纪八九十年代，深圳大鹏至松岗沿海发现13处两宋时期的窖藏铜钱，其中松岗沙埔尾村的一处多以吨计。大量窖藏铜钱的发现，除商贸活跃的原因外，与宋初市舶司主持下的物流有关，进口货物中有珍珠、玛瑙、珊瑚等奢侈品，以铜钱、瓷器、丝绸等产品与外商交易，其结果是造成了铜钱的大量外流（宋明时期东南亚国家多使用中国的方孔铜钱），国内流通货币数量不足，引起铜价飞涨等严重后果。因此宋初曾制定专门法律，规定严禁将铜钱带出境外。深圳在海岸线上发现大量的窖藏铜钱，与当时的走私活动不无关系[38]。

盐业生产　深圳枕山面海，"陆数寡而水数众"，捕鱼晒盐是沿海居民赖以生存的主要活计。早在汉代，深圳就是番禺盐官管辖下的主要食盐产地。汉武帝时御史大夫桑弘羊提出著名的"盐铁论"，食盐生产统归国家管理，因此在全国设盐官28处，南海番禺盐官为28处之首。据民国之初的地方史学家陈伯陶论证，南海、番禺盐官设置和盐业生产基地，分布在东莞、深圳、香港一带。东官郡的设置，就是沿用了三国东吴时东官场的旧称[39]。

北宋，盐业生产有了更大规模的发展，已成为官府的重要财政收入来源[40]。北宋时期，广南东路设置13个盐场，深圳就有东莞（南头）、黄田、归德（沙井）三个盐场，南宋时又增设叠福场（大鹏），官富场（九龙）。

20世纪80年代，考古人员在沙井发现多座宋代的盐灶。宋代盐灶在黄田盐场所辖的香港新界也发现不少。古代多煮海水制盐。宋明时深圳地区的盐业生产技术及流程与《天工开物》描述吻合。在著名的咸头岭遗址中清理了10余座宋墓[41]，每座墓中均出土陶罐、瓷碗、铜钱或铁刀等物，有学者考证墓主人很可能是叠福盐场的管理者或盐民。

位于沙井沙二村的南宋石塔是深圳市重点文物保护单位，它反映了宋代深圳的盐业生产情况。宋代的龙津河今已成小溪，史载当年龙津河水势凶猛，传说有河妖兴风作浪，给归德盐场带来极大的祸害，盐官承节郎周穆为防龙津河水患，在盐场官署旁的龙津河建造了一座石桥，桥头建造一座龙津石塔。塔身正面为深浮雕释迦半身像，左侧为"双手合十"，右侧为"仗剑除妖"浮雕。塔身下部为梵文咒语，已漫漶不清，背面刻阴文款"嘉定庚辰立石"[42]。这是佛教文化中"宝塔镇河妖"信仰与地方文化中"只有神仙才能制服水怪"观念相结合的产物。

政府垄断盐的收购和销售，对盐民严加控制，地方官吏对盐民盘剥，致使盐民的生活得不到保障，他们只好贩卖私盐，抗交官府。南宋初年，受黄田场管辖的香港大溪山（大屿山）盐民进行了持续多年的起义。宋宁宗庆元三年（公元1197年），广东提举茶盐司徐安国奉命上岛镇压，以高登为首的盐民发动了声势更为浩大的反抗，他们不仅抵抗了官军的进攻，反而乘胜进攻广州，但很快就失败了。自此，官府派300兵员常驻大屿山弹压盐民抗拒官府，直到庆元六年（公元1200年）才撤出军队，驻守官富场[43]。

直到清朝康熙年间，新安县令周希曜在他的条议中仍将盐民的疾苦作为需要解决的重要问题。

渔业生产　历史上将"浮家泛宅，以水为活"的水上人家称为"疍民"。关于水上人家的族属问题，自清末民国初年以来学术界争论不休，有人类学家认为这一族群是古越族的后裔，称之为"疍家族"。现代学者多认为疍民是一个民系，是广府民系中的一个支系。

有关疍民的源头问题，地方志中有东晋起义军残部首领卢循余众，逃亡内伶仃岛、大屿山一带，形成后来的疍民的传说[44]。

20世纪50年代以前，深港地区的南头至沙井沿海以及大鹏湾、青山湾、大埔海、西贡沿岸及离岛海湾"艇户"最多。据香港政府统计，1871年仅香港水上居民（疍户）共42282人。20世纪60年代后，疍家人陆续上岸定居，与广府人不断融合，疍民的语言、风俗已广府化[45]。

家人长年累月在海上漂泊，居无定所，无力把握自己的命运，生活在社会的最底层。深圳蛇口后海天后宫发现清乾隆三十七年（公元1772年）"蒙杨大老爷示禁碑"，记载着渔民生活的辛酸[46]。清康熙《新安县志》中关于渔民疾苦的记载也十分详尽。不公平的社会，将渔民"迫良为娼"，于是渔民成为海盗的重要源头。明清时期深港沿海著名的海盗有明崇祯时期的刘香，清朝嘉庆、道光时期的郑一嫂（女）、张保仔、徐亚保、十五仔等，演绎出一桩桩"海上强梁"的故事[47]。

五、移民文化

深圳是一座新兴的现代化移民城市，在历史上深圳也有过多次大规模的移民。除前述秦汉平南越、东晋乔迁东官郡宝安县，原居民中的广府人和客家人对开发深圳也作出了历史贡献。

广府民居与祠堂　"南越"人是广府民系的一个源头。秦汉时期，粤方言开始接受汉语而萌生[48]，至魏晋南北朝有了发展，到唐宋时期最终形成。

现居住在深圳西部和香港新界中西部的原住民中，大部分为广府语系族人，祖籍中原，他们中不乏"中原衣冠华胄"。他们迁入深圳地区有四种不同情况：一次是北宋末年文武官员和一些士民跟随皇室南渡临安（杭州），其中一部分士民避居南雄，后来转入深圳地区。二是元军攻陷南雄、韶关后辗转而来。中原士民以南雄珠玑巷作为中转站迁徙的传说，在沙井万丰潘氏族谱、新桥曾氏族谱等谱牒中可以得到佐证。三是随着南宋末代皇帝南逃，赵宋王朝覆灭后，残余之勤王兵将散居环珠江口一带。深港文氏、西乡刘氏、观澜章阁杨氏等便属此种情况。四是自谕祖宗官居岭南某地，退隐后定居，如北宋末年的沙井陈氏等。

南宋灭亡后，定居深圳地区的姓氏中，文天祥后裔是较大族群。文天祥侄孙文应麟，在惠州抗元兵败后，隐居深圳公明东周村，其后子孙繁衍，播迁福永凤凰岭下村、白石村、东莞、香港各地，现深港地区文氏族人逾20000余众。

700多年来，深港人民念念不忘文天祥及这段史事，在不同历史时期创建了具有历史、艺术、民俗等方面价值的建筑物，如南头城文天祥祠、赤湾宋少帝陵、九龙宋皇台、福永凤凰村文塔、凤凰台（包括望烟台、庙宇，元、明石刻等）、文氏宗祠、文氏书院、香港的文氏新田惇裕堂、麟峰文公祠、乐道堂华野文公祠、明德堂永秀文公祠和大夫第等。

深圳市重点文物保护单位笋岗老围，又称元勋旧址，是深圳保存最为完好的广府民居之一。它建于明代早期，岭南名贤何真于元末从东莞避难来此，后以笋岗为大本营，收复广东乃至整个岭南。其四代孙维修此村寨时，在围村的门额上刻石"元勋旧址"。

沙井沙二村陈氏广府民居群，层层叠叠，一围联一围，是了解广府民系社会生活面面观的大本营。

广东省文物保护单位曾氏大宗祠，位于沙井镇新桥村，建于清乾隆年间，是深圳市现存规模最大、建筑艺术最高、保存最好的广府祠堂。其中牌楼用雕琢细腻的花岗岩砌筑，雕刻图案及其装饰，为岭南民间姓氏祠堂所罕见。南山区向南村的郑氏、南园村吴氏、墩头村叶氏、北头村黄氏、南山村陈氏，沙井陈氏、江氏、潘氏，松岗燕川陈氏，西乡黄氏，福永文氏，皇岗庄氏，下沙黄氏等广府宗祠均各具特色[49]。

城堡式客家围 客家是汉民族中的一支重要民系。东晋至唐宋时期（公元317～1279年），中原汉族人民为逃避战乱和灾荒，南迁到赣、闽、粤三省交界地区，与当地居民逐渐融合而形成了客家人[50]。

客家人徙居深港地区大致可分三个历史时期： 一是宋末元初的南宋抗元余众；二是明朝时期，部分自闽西、赣南经惠潮、深圳，抵新界；三是清康熙八年（公元1669年）至鸦片战争前，也是深圳历史上最大规模的移民潮。改革开放前，深港地区总人口中客家人占60%。

深圳东部的坪山大万世居、龙岗鹤湖新居、坑梓龙田世居等现存完好的100多座客家围，建筑面积几千平方米至20000多平方米不等，平面近方形、四角带碉楼的城堡式围屋，是客家土楼、围龙屋、四角楼（四点金）与广府民居相融合（内部房间结构）的产物，是一种有继承、有发展、有创新的独特类型的客家围。这是客家民居和客家文化中的一朵奇葩。客家围文化内涵丰富，展示了深圳清代历史文化中辉煌的一面。

以龙岗坑梓黄氏客家宗族村落为代表，从康熙三十年开基至上个世纪50年代，凡300余载，传十五代之多，族众6000余人，建起30多座颇具规模的客家围[51]。

深圳客家围是重要的历史遗迹和文化现象，是客家民系的创造和标志之一，是客家人聚族而居的躯壳、小农经济的基地、传统文化的宝库。一个"聚族于斯"的客家围就是一本"夯土的史书"，是研究民族、民俗、社会人文历史和中国传统文化的"活化石"。

六、海防重镇

明清时期，东南沿海频遭倭寇、番夷、海盗侵扰，广东沿海受害深重。朝廷陆续在沿海构筑卫所、水寨、炮台、烟墩、营汛等防御设施，并不断增驻兵员。洪武二十七年（公元1394年）修建的东莞守御千户所城和大鹏守御千户所城，在抵御西方殖民侵略和海盗、倭寇侵扰的斗争中，发挥了重要作用。

明万历元年（公元1573年）析东莞县建立新安县。清初，清廷为防止东南沿海居民支援台湾郑成功"反清复明"势力，强行"迁海"，给深港人民带来了极大的灾难[52]。

广东海防中路 深圳南头地处外洋航道要冲，为广东海防中路战略要地，是虎门要塞的前卫、省会屏藩；大鹏毗连惠潮，防御来自闽、台海上之敌，为广东海防东路战略要地。

清代改东莞守御千户所为新安营，并在南头、赤湾、沱泞、九龙等地增设炮台；改大鹏守御千户所为大鹏水师营，设立了东涌口、水陆塘、大屿山、红香炉、盐田、关湖塘、老大鹏、上沙塘、下沙塘等九处营汛，并辖沱泞、佛堂门、南头和大屿山4处炮台[53]。

明清两代在深圳沿海设置了由卫所（水师营）、炮台、营汛、烟墩等军事设施组成的防御体系。

大鹏古城 大鹏古城占地面积达11万平方米，是深圳市目前唯一的全国重点文物保护单位。它自明初建成到清末的600年间，不断遭受倭寇、海盗侵扰。史籍记载，"沿海所城，大鹏为最"，可见其战略地位相当重要。朝廷不断为之增兵添将。1984年，深圳博物馆考古人员在今核电站附近发掘了一座明代正德年间守城武略将军徐勋墓，出土2件景德镇青花碗和大小6件陶罐。深圳博物馆考古人员还在大鹏城发现两门清朝康熙年间数千斤重的铁炮。铁炮是海防工事的重器[54]。

大鹏当地军人战功卓著、将军辈出，最为杰出的是赖氏家族的"三代五将军"。清朝嘉庆年间曾任南澳镇总兵的赖云台（赖恩爵的父亲），在弹压倭寇、海盗中屡立战功。死后葬在大鹏水贝村后，墓面建筑壮观为深圳之最。有墓道碑、石望柱、石马、翁仲、功铭碑等。墓葬在民国时迁葬，"大跃进"时被毁。石望柱已不存，其他文物分别为深圳博物馆和大鹏古城博物馆收藏。

清道光年间的福建水师提督刘起龙也是大鹏城人，在大鹏城内仍保留完好的"将军第"。道光十年（1830年），刘起龙卒于任后与其夫人林氏同葬在大坑村后山。1984年，深圳博物馆考古人员配合核电站建设发掘清理刘起龙墓及其夫人墓，并将墓面建筑迁往大鹏城东南角的东校场复原。刘起龙墓中最为珍贵的是道光皇帝为其撰写的"御祭文碑"。刘起龙是一个清官，墓葬中出土的随葬品仅有一些玉石器和陶瓷器。林夫人墓出土一对金耳环和一顶凤冠（已腐烂）。

在这座古城中还存留着一种极为珍贵的无形文化遗产——"军语"。军爷们从全国各地带来家眷，据统计在这个居住人口不足万人的城寨中有76姓（包括武略将军徐勋的后裔）。方言混杂，天长日久，形成一种介于客家语与广府话之间的方言岛——"大鹏话"。

大鹏古城引起了世界银行有关文化遗产保护组织的关注。世界银行组织在《AUC大鹏所城保护第一次报告》中评价大鹏所城的遗产价值中说："毫无疑问，大鹏所城具有相当高的遗产价值，一在于其和谐性，二是其城市结构及建筑尽管历经多次侵略（其中破损最严重的是城墙）却保存完整。同时，大鹏所城是高价值的遗产典范，这既基于其相关的历史背景，又因其在整个深圳市现存历史遗迹的罕见性。"[55]

南头古城　南头古城史称东莞守御千户所城，面积略大于大鹏城。

南头海防在中国抵御西方殖民侵略史中写下了最早的一页。明正德十六年（公元1521年）和嘉靖元年（公元1522年）间，广东按察司按察使汪铉率领南头军民与葡萄牙舰队在屯门海澳（今深圳湾）及西草湾（今香港荃湾）激战，葡萄牙舰队在损失了两艘战船后狼狈逃窜。后来葡萄牙人占据了澳门。南头父老乡亲为彰显汪铉官兵的爱国精神和英勇抗敌壮举，在大新村立祠纪念。汪、刘（刘稳，上言建新安县）两公祠为深圳市重点文物保护单位。

1982年，南头古城内发现一尊明万历年间的"重建参将府记"碑刻，该碑刻记载了当时的海防形势、军备情况，以及南头在广东海防中路的地位与作用。明朝末期，为了应付日益严重的倭寇、海盗侵扰，于嘉靖四十五年（公元1566年）在广东沿海设立了6个水寨，水师总部设在南头城。明朝万历年间，南头寨管辖营汛六处。南头寨最盛时，兵员达3000多名，有大小战船112艘。清代南头寨改为水师营。

清康熙年间增建蛇口赤湾左、右两炮台，与小南山巅的烟墩形成南头外围的军事防御体系。左炮台和烟墩保存完好，被列为深圳市重点文物保护单位。1982年，深圳博物馆考古人员在大鹏发现两门铁炮的同时，也在南头古城征集到两门分别为清康熙、道光时期的铁炮，无疑是当时的海防重器。

1992年和2004年，深圳博物馆和深圳市文物考古鉴定所考古人员分别发掘了赤湾左、右两炮台，清理炮台官兵营房，出土守炮台官兵的生活用具和一些铁炮弹等文物[56]。

新安建县　在深圳宝安西乡和香港锦田，为纪念建新安县有功的朝廷命官王来任、周有德而建造的"王大中丞祠"和"周、王二公书院"，至今保存完好，并颇具规模。这两座不寻常的古建筑，见证了新安县的建县史[57]。

深圳地区从唐朝中期取消县一级行政建制之后，一直属东莞县管辖。明隆庆六年（公元1572年），南头乡绅吴祚代表乡民向上任伊始便到南头考察民情、军务的广东海道副使刘稳呈请，要求恢复县的建制，刘稳上书朝廷，经批准于明万历元年（公元1573年）建县，赐名"新安"，取"革故鼎新，去危为安"之义，将南头寨改建为新安县城。新安县范围主要包括今深圳市的大部分地区和香港全境，以及东莞市的小部分地区。立县之时境内在编居民7608户、33971人，分为3个乡、7个都、56个里。

清康熙初年的"迁海"造成新安县民不聊生，人口仅剩2000余人，故被并入东莞县达3年之久（公元1666年～1669年）。康熙七年（公元1668年），广东巡抚王来任向朝廷为民请命，力陈"迁海"之害。康熙八年（公元1669年），朝廷下令复界，新安县得到恢复。

自明万历元年（公元1573年）建县至民国三年（公元1914年）新安县复名宝安县的300多年间，南头城均为新安县治所，在海防城垒的基础上增建许多县治的设施。南头城是深港人们的根。

七、百年抗争

大鹏古城中抗英名将赖恩爵的"振威将军第"蔚为壮观，为岭南地区清代晚期官宦府第建筑的代表作。"振威将军第"五字是道光皇帝亲笔手书。它记录了以赖恩爵为代表的新安人民在抵抗英国殖民侵略中的英勇行为。

1839年9月4日"九龙海战"发生时，赖恩爵时任大鹏营参将。"九龙海战"告捷，林则徐上书朝廷，道光皇帝御旨嘉奖赖恩爵，"著赏给'呼尔察图'巴图鲁名号（勇士）"，跃升副将，任南澳镇总兵。1843年升广东水师提督，1847年卒于任。赖恩爵死后葬在大鹏大坑村鸡爬地（今核电站地方），与福建水师提督刘起龙葬在同一个山头。深圳博物馆考古人员配合核电站工程建设清理了赖恩爵将军墓。该墓在清光绪时迁葬大鹏黄奇塘。在原墓中保留有一对石马和一对文武翁仲，现陈列在深圳博物馆南广场。

沙头角中英街地界碑，记录着中国人民的历史耻辱。英国强迫清政府签下"城下之盟"——《拓展香港界址专条》，强租新界专条签订后的1899年3月18日，清朝政府和港英当局代表沿梧桐山下沙头角"堪界"。因此，中英街历史博物馆将这一天定为"国耻日"，并立"警示钟"。

深圳市盐田区北部高山上的三洲田水库，枯水期可见断壁残垣，那就是1900年10月间爆发的"三洲田起义"旧址——马峦头村。就在这个客家山村中，资产阶级领导的武装起义打响了推翻封建王朝统治的第一枪。沙头角中英街历史博物馆的工作人员在遗址中发现不少三洲田起义时期的文物。在三洲田上村，有一所建于辛亥革命成功后的学校，孙科手书"三洲田庚子革命中山纪念学校"校名。

深圳坪山东纵纪念馆、葵涌土洋村东纵司令部旧址、松岗燕川陈氏宗祠、龙华"中国文化名人大营救"纪念馆、深圳博物馆和档案馆里，陈列和收藏着数以千计有关抗日战争的照片和实物资料，它记录着深圳人民在民族危亡的紧要关头所表现出来的英雄气概和壮举。特别令人称道的是，东江纵队的勇士们，营救出滞留在香港沦陷区的大批中国文化精英，在中国抗战史和文化史上永载史册，彪炳千秋。

1938年10月10日和11月22日，日军两次在大亚湾登陆，11月26日，深圳、南头沦陷。日军占领南头城后在城周围修炮楼，挖战壕。日军占领南头城前后约5年。2002年，深圳考古人员在南头城外西南壕沟考古发掘出土一大批日军军用品，如战刀、马具和生活日用品等，这些文物是日本帝国主义侵华的罪证[58]。

南头关口郑氏宗祠保存极为完好。它是1924年至1927年中共宝安县党组织建立农民协会的会部。

南山区南山村陈郁故居，陈列着陈郁（1901～1974年，曾任中共广东省委书记、广东省长和广东省革命委员会副主任等职）及其有关省港大罢工照片和实物资料。陈郁在省港大罢工中主持香港罢工工人在深圳墟接待站工作。罢工工人接待站设在深圳墟南塘街张氏宗祠（思月书院）。

按原貌修复的松岗燕川村素白陈公祠，在中共宝安县党史上写下了闪光一页。1928年2月，中共宝安县第一次代表大会就在这里召开。

建立在葵涌土洋村前海岸的"东纵北撤"纪念亭，见证了抗战胜利后，东江纵队北撤山东烟台并随之南下解放广东的壮举。今天，当我们看到深圳海关（九龙关）高高飘扬的五星红旗，无不感慨万千。自鸦片战争失败到中华人民共和国成立的60多年里，中国海关长期被英国等帝国主义操纵。1949年10月19日，海关大权终于回到人民手中。

屹立在南头城南广场的革命烈士纪念碑，铭记着深圳地区为了争取民族独立和人民自由幸福，在历次斗争中牺牲的人民英雄们的光辉业绩。人民英雄永垂不朽！

八、经济社会

鸦片战争后,西方资本主义文化通过香港进入深圳,深圳成为中西文化碰撞交融的地区。一方面,资本主义文化的腐朽因素对深圳产生了负面影响;另一方面,西方的民主、科学思想以及新式的文化、教育,对深圳也不无产生积极的影响。特别是海关的设立和铁路的建造,推动了深圳地区经济社会的近代化进程。

鸦片战争失败后五口通商,大量劳工出国。原宝安县籍华侨华人有12万之多,分布在全世界54个国家和地区。为生活所迫的深圳人在外国殖民主义者的诱使下出洋谋生,历尽艰辛,不仅对侨居国作出贡献,对家乡的革命和建设也不遗余力。我们现在仍随处可见近现代华侨捐建的医院、学校、桥梁等公共文化设施。

随着五口通商,基督教、天主教在深圳地区广泛传播。传教活动带来了先进科技文化,促进了中西文化交流,对发展深圳地区的教育、文化、卫生和科学技术,客观上起到了积极的作用。西方教会为方便传教,专门编撰出版《罗马客家字典》。1864年,基督教崇真会创办布吉李朗神学院,还派出三名学生赴德国学习教义。现在深圳仍保留着坑梓基督教堂、南头育婴堂、龙华浪口教堂、虔贞女校等。

太平天国领袖洪秀全的族弟洪仁玕,金田起义失散流落香港皈依基督教,后来在布吉李朗神学院、龙华浪口教堂以及东莞等处习教、传教活动长达6年多,接受西方民主思想,写下了《资政新篇》,对太平天国革命产生了重大的影响。

1911年,广九铁路建成通车,纵贯深圳南北,为深圳提供了便利的交通,促进了商品的流通,带动了深圳社会经济的发展。

1949年底,宝安县总人口192678人,不包括其时尚属惠阳县的龙岗地区。全县划分东、西、中三个区,40个乡。民国时期深圳农村生产力低下,农民仍然过着自给自足的自然经济生活[59]。

结　语

走进深圳历史,在蜿蜒曲折的岁月长河中,有苍凉与悲壮,有璀璨与辉煌。古代,深圳是远离中原王朝的边陲地区,成为中原移民的大后方;近代,深圳是西方殖民主义者入侵的首站,成为中国人民抵抗外国侵略的最前线;现代,深圳从贫困落后的一角,弹指一挥间,发展成为现代化大都市,创造出前无古人的伟大业绩,涤荡了历史的重负和耻辱。

建设现代化国际城市需要本土的人文精神和"家园意识",需要民族的群体意识和凝聚力。我们应该充分发掘、整理、保存、研究、包装、宣传深圳丰富的人文历史资源,构筑深圳丰厚的文化底蕴,夯实深圳人文精神的根基。我们这次举办"深圳7000年——深圳出土文物展"的目的正在于此。

杨耀林

2006年4月

（本文作者为深圳博物馆馆长）

注　释

[1]　邓聪、黄韵璋：《大湾文化试论》，载《南中国及邻近地区古文化研究》，香港中文大学，1994年。

[2]　李伯谦：《咸头岭一类遗存浅识》，载《东南文化》1992年3～4期合刊本。李松生：《试论咸头岭文化》，载深圳博物馆编《深圳考古发现与研究》，文物出版社，1994年。

[3]　《深圳市大鹏咸头岭沙丘遗址发掘简报》，载深圳博物馆编《深圳考古发现与研究》，文物出版社，1994年。1997、2005、2006年发掘材料尚未公布。

[4]　2005年，深圳博物馆送7个碳标本往北京大学加速器质谱（AMS）碳十四测试，其中样品04XTLT2⑧,碳十四年代（BP）5965±40。树轮校正后年代（BC）1б(68.2%) 4910BC(18.0%)4870BC;4860BC(50.2%)4780BC。2б(95.4%)):4940BC(87.1%)4770BC;4760BC(8.3%)4720BC。

　　　2005年，深圳博物馆送5个标本往新西兰维卡托大学放射性碳测年实验室，成功测试2个标本，其中送北大同层位陶片烟炱标本（XTLT2⑧）测试结果为5973±47BP。距今约6970多年。两家测试的数据比较接近，可信程度较高。

[5]　莫稚：《深圳市考古重要发现》，《文物》1980年7期。

[6]　深圳博物馆、中山大学人类学系：《深圳市大黄沙沙丘遗址简报》，《文物》1990年11期。

[7]　商志馥：《香港考古论集》，文物出版社，2000年。

[8]　莫稚：《深圳考古重要发现》，《文物》1980年7期。

[9]　罗香林：《百越源流与文化》，"国立编译馆"中华丛书编审委员会，1978年2月增补再版。

[10]　《深圳市屋背岭商时期墓葬群》，《华南考古》，文物出版社，2004年。

[11]　杨耀林等：《深圳先秦考古调查与试掘》，深圳博物馆编《深圳考古发现与研究》，文物出版社，1994年。在该文中公布了一座未编号墓和M4，由于当时的认识问题，将其时代列入新石器时代晚期。咸头岭遗址在以后的多次发掘中均发现该时期的墓葬，2006年还发现商时期的文化层，这些材料尚未发表。

[12]　深圳市文管会办公室、深圳市博物馆、南山区文管办：《深圳市向南村遗址发掘简报》，《考古》1997年6期。

[13]　香港古物古迹办事处、中国社会科学院考古研究所：《香港马湾岛东湾仔北史前遗址发掘简报》，《考古》1997年6期。

[14]　李果、李秀国：《南丫岛发掘散记》，《文物天地》1991年4期。

[15]　广东省文物考古研究所编著：《博罗横岭山——商周时期墓地2000年发掘报告》，科学出版社，2005年。

[16]　深圳市博物馆：《深圳大梅沙遗址发掘简报》，《文物》1993年11期。

[17]　深圳市博物馆：《深圳市叠石山遗址发掘简报》，《文物》1993年11期。

[18]　同［15］。

[19]　《史记·南越尉佗列传》

[20]　谭元亨：《客家新探》，华南理工大学出版社，2005年。

[21]　广州文物管理委员会、中国社会科学院考古研究所、广东省博物馆：《西汉南越王墓》，文物出版社，1991年。

[22]　《广州汉墓》，文物出版社，1981年。

[23]　杨豪、杨耀林：《深圳市南头红花园汉墓发掘简报》，深圳博物馆编《深圳考古发现与研究》，文物出版社，1994年。

[24]　同［23］。

[25]　屈志仁：《李郑屋汉墓》，香港博物馆，1970年。

[26]　欧燕、文本亨、杨耀林：《从深圳出土乘法口诀论我国古代"九九之术"》，《文物》1990年11期。

[27]　1984年，深圳博物馆考古人员彭全民等在宝安西乡铁仔山发掘东汉砖室墓多座，出土"熹平四年"墓砖3块，并有怪异人面纹饰的墓砖，现藏深圳博物馆。考古材料未发表。

[28]　张一兵：《古代深圳简史》，文物出版社，1997年。

[29]　1986年，深圳博物馆考古人员在宝安西乡流塘村西北的富足山，发掘东汉至南朝时期的墓葬22座，其中
　　　 一座三国时期的墓葬，出土一件青瓷猪形虎子及青瓷碗、碟等器物。该材料尚未发表，出土文物现存深圳
　　　 博物馆。

[30]　[清·道光]阮元：《广东通志》；[清·康熙]《东莞县志》、《新安县志》。

[31]　2004年，深圳市文物管理办公室、深圳博物馆、南山区文物管理办公室联合发掘南头古城南门外东西向
　　　 壕沟，清理出东晋时期的城垣及城壕，出土汉晋至明清时期的大量遗物。发掘报告待发表。

[32]　深圳市文物管理委员会编：《深圳文物志》，文物出版社，2005年。深圳市文物考古鉴定所史红蔚整理的
　　　 《深圳铁仔山古墓群发掘简报》待发表。

[33]　麦英豪：《广州西郊发现古墓六座》，《文物参考资料》1955年1期。

[34]　[宋]沈怀远：《南越志》；乐史：《太平寰宇记》及之后的历代《东莞县志》、《新安县志》都有记载。

[35]　香港历史博物馆编印：《南海海上交通贸易二千年》，1996年。

[36]　梁嘉彬：《广东十三行考》，广东人民出版社，1999年。

[37]　萧国健：《香港前代社会》，中华书局（香港）有限公司，1990年。

[38]　杨耀林、邹坚：《深圳出土铜钱刍议》，《钱币论集》1986年。《4吨！深圳古代最大钱库》，载《深圳商报》
　　　 2006年4月19日。

[39]　张一兵：《古代深圳简史》，文物出版社，1997年。

[40]　[清·康熙]《新安县志》。

[41]　杨耀林：《深圳市宋墓发掘简报》，深圳博物馆编《深圳考古发现与研究》，文物出版社，1994年。1997年
　　　 至2006年，深圳考古人员在咸头岭又先后进行了3次考古发掘，清理了10多座宋墓，出土有建窑等窑口的瓷碗。

[42]　深圳市文物管理委员会办公室编：《深圳文物志》，文物出版社，2005年。

[43]　[清·道光]阮元：《广东通志·前事略》。

[44]　[清·康熙]《新安县志》。

[45]　引自《香港大事年表》。卜永坚《碑中血泪——从三篇碑文看清朝的广东渔民》，香港城市大学中国文化研
　　　 究中心编《考察香港——文化历史个案调查》第222页，三联书店（香港）有限公司，2005年。

[46]　杨耀林：《近代深圳简史》，文物出版社，1997年。

[47]　庄义逊主编：《香港事典》，上海科学出版社，1994年。

[48]　谭元亨：《广府寻根》，广东高等院校出版社，2003年。

[49]　深圳市文物管理委员会办公室编：《深圳文物志》，文物出版社，2005年。

[50]　杨耀林、黄崇岳：《南粤客家围》，文物出版社，2001年。

[51]　刘丽川：《深圳客家研究》，南方出版社，2002年。

[52]　[清·康熙]《新安县志》。

[53]　[明·嘉靖]《筹海图编》卷三；[明·万历]《筹海重编》卷三；[清·道光]阮元：《广东通志·海防略》；应槚：
　　　 《苍梧总督军门志》；毛鸿宾：《广东图说》。

[54]　深圳市文物管理委员会办公室编：《深圳文物志》，文物出版社，2005年。

[55]　深圳市文物管理委员会办公室、大鹏古城博物馆档案资料。

[56]　赤湾左、右两炮台，出土驻守炮台官兵的生活用具和一些铁炮弹等文物分别存放于深圳博物馆和深圳市文
　　　 物考古鉴定所。考古发掘资料尚未发表。

[57]　[清·康熙]《新安县志》。

[58]　2002年，深圳市文物管理委员会办公室、深圳博物馆、南山区文物管理委员会办公室联合发掘南头古城
　　　 南门外东西向壕沟，清理出大量日军侵华占领南头城时使用过的军用品，文物现存南头古城博物馆。

[59]　同[46]。

图版

第一单元 新石器时代

　　深圳属环珠江口地区,这一带的海湾岬角在全新世以来形成了众多的沙堤,其内为泻湖平原,并有山间小溪流入大海。这种前可渔、后可猎、旁可耕的地理环境,十分适合人类的生存。大约在7000年前的新石器时代中期,深圳古代先民已在大鹏湾畔出现,其后他们的足迹遍及深圳各处。他们过着与濒海环境相适应的渔猎兼农耕生活,并建立了比较稳定的聚落。

　　至今为止,深圳已发现新石器时代遗址约40处,经过重点发掘的有咸头岭遗址、大黄沙遗址等处。

第一节　新石器时代中期

　　深圳地区迄今发现最早的遗址属新石器时代中期文化遗存，时间大约在距今7000～5000年之间。此时的先民虽然只是使用火候较低、制作粗糙的夹砂陶釜炊煮食物，还保留一部分打制的砍砸器、敲砸器用于获取生活物资，但也学会了制作磨光石斧、石锛、石刀用来进行效率更高的生产，并且会用土质较纯净的黏土烧制泥质彩陶和白陶。

一、咸头岭遗址

　　咸头岭遗址位于深圳大鹏咸头岭村海边的古沙堤上，1981年考古普查时发现，从1985年以来，先后进行过五次发掘。经放射性同位素碳十四测定，距今已有7000年。咸头岭遗址不仅是深圳地区发现的最早的原始社会遗址之一，而且是环珠江口地区迄今所见最典型的新石器时代中期沙丘遗址。咸头岭遗址出土大量陶器和石器，较具特征的文化因素有陶器上的贝印纹、贝划纹，以及制作精细的泥质白陶和彩绘红陶等。陶器器形以圜底釜、圜底罐、束腰长筒形器座和圈足盘较流行。这些构成了咸头岭类型遗存的鲜明文化特征。

咸头岭遗址考古发掘现场

1. 带彩夹砂陶杯

　　新石器时代中期

　　1985 年咸头岭遗址出土

　　口径 12、高 12.6cm

2. 红衣陶豆

　　新石器时代中期

　　1985 年咸头岭遗址出土

　　口径 18.6、底径 9.5、高 11.8cm

3. 深腹灰陶钵
   新石器时代中期
   1985 年咸头岭遗址出土
   口径 14.5、高 10cm

4. 夹砂陶盆
   新石器时代中期
   1997 年咸头岭遗址出土
   口径 29.2、高 13cm

5. 贝印纹陶釜
新石器时代中期
1985 年咸头岭遗址出土
口径 19.6、高 21.2cm

6. 夹砂陶器座
新石器时代中期
1985 年咸头岭遗址出土
上下径 7.4、高 15.2cm

7. 白陶簋

新石器时代中期

2004 年咸头岭遗址出土

口径 14、腹径 14.4、高 11.5cm

8. 印纹白陶钵

新石器时代中期

2004 年咸头岭遗址出土

口径 26.2、底径 11.2、高 6.4cm

9. 彩陶圈足盘

　　新石器时代中期

　　2004 年咸头岭遗址出土

　　口径 14.2、圈足径 12.1、高 7cm

10. 印纹泥质陶尊
　　新石器时代中期
　　2004年咸头岭遗址出土
　　口径13.8、圈足径10.4、高12.9cm

11. 夹砂陶釜
　新石器时代中期
　1989年咸头岭遗址出土
　口径24.5、高12.2cm

12. 彩陶圈足高领罐
　新石器时代中期
　2004年咸头岭遗址出土
　口径14.6、残高24.3cm

13. 绳纹夹砂陶釜
　　新石器时代中期
　　口径 24.5、腹径 32、高 26cm
　　1997 年咸头岭遗址出土

14. 贝划纹夹砂陶釜
　　新石器时代中期
　　2004 年咸头岭遗址出土
　　口径 22、腹径 28.5、高 21cm

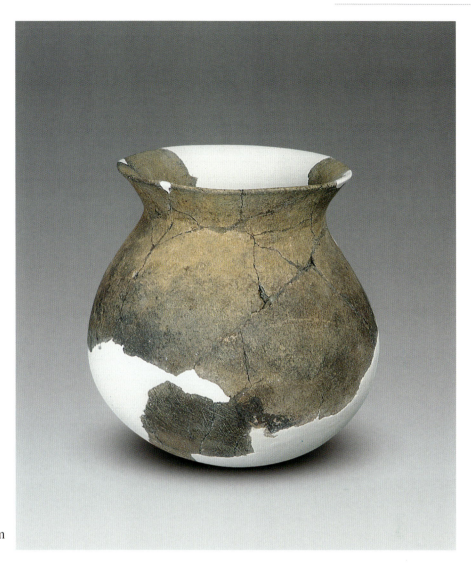

15. 细绳纹夹砂陶釜

　　新石器时代中期

　　2004 年咸头岭遗址出土

　　口径 23.3、腹径 29.2、高 28.9cm

16. 彩陶圈足盘

　　新石器时代中期

　　2004 年咸头岭遗址出土

　　口径 19.4、腹径 29.2、高 7.35cm

17. 印纹白陶尊
　　新石器时代中期
　　2004 年咸头岭遗址出土
　　口径 10.7、圈足径 9.8、高 12cm

18. 陶器座
　　新石器时代中期
　　1985 年咸头岭遗址出土
　　口径 10.3、高 12.2cm

19. 细绳纹夹砂陶釜

新石器时代中期

2004年咸头岭遗址出土

口径29、腹径30、高23.7cm

20. 绳纹夹砂陶釜

新石器时代中期

1985年咸头岭遗址出土

口径18、高18.5cm

21. 印纹夹砂陶尊

新石器时代中期

2004 年咸头岭遗址出土

口径 13.8、圈足径 10.4、高 12.9cm

22. **砺石**

　　新石器时代中期

　　2004 年咸头岭遗址出土

　　长 34、宽 15、高 10cm

23. **石斧**

　　新石器时代中期

　　1997 年咸头岭遗址出土

　　长 18.2、刃宽 8.6、厚 1.5cm

24. **长条形石锛**
新石器时代中期
2004 年咸头岭遗址出土
长 9.2、顶宽 2、刃宽 3.8、厚 0.9cm

25. **梯形石锛**
新石器时代中期
2004 年咸头岭遗址出土
长 4.8、顶宽 4、刃宽 4.9、厚 1.2c

26. 石饼形器
　　新石器时代中期
　　1997 年咸头岭遗址出土
　　直径 9、厚 3.5cm

27. 石拍
　　新石器时代中期
　　1997 年咸头岭遗址出土
　　残长 8.8、宽 6.2、厚 1.3cm

28. 长条形石锛
　新石器时代中期
　1997 年咸头岭遗址出土
　长 23、宽 8.5、厚 1.3cm

29. 石刀
　新石器时代中期
　1997 年咸头岭遗址出土
　长 8.6、宽 5、厚 1.3cm

30. 石凹坑器
　新石器时代中期
　2004 年咸头岭遗址出土
　长 10、厚 5.5cm

31. 石饼形器
新石器时代中期
1985 年咸头岭遗址出土
直径 2.7、高 1.2cm

32. 石饼形器
新石器时代中期
1997 年咸头岭遗址出土
直径 11、厚 3.5cm

33. 长条形石锛
新石器时代中期
1985 年咸头岭遗址出土
长 18、宽 7、高 2cm

二、大黄沙遗址

大黄沙遗址位于大鹏葵涌土洋村海边的古沙堤上。1981年考古普查时发现，1988、1989年进行过二次发掘。出土的陶器以夹砂陶、泥质红陶为主，其中又以较多的彩绘陶和刻划纹陶具代表性。并出土了大量的石器。该遗址出土的炭化粮食标本经碳十四测定，年代为距今6500年左右。

34. 水波纹陶器座

新石器时代中期

1988年大黄沙遗址出土

口径 6.5、底径 8.3、高 14.2cm

35. 陶盘

新石器时代中期

1988 年大黄沙遗址出土

口径 13.8、高 3.2cm

36. 陶钵

新石器时代中期

1989 年大黄沙遗址出土

口径 21.2、高 9.2cm

37. 绳纹陶釜
    新石器时代中期
    1989年大黄沙遗址出土
    口径24、高19.5cm

38. 泥质圈足盘
    新石器时代中期
    1989年大黄沙遗址出土
    口径21.6、底径13、高9.2cm

39. 夹砂陶钵

　　新石器时代中期

　　1988 年大黄沙遗址出土

　　口径 21.5、高 11.7cm

40. 陶器座

　　新石器时代中期

　　1988 年大黄沙遗址出土

　　口径 10、底径 11、高 15.3cm

41. 梯形石锛
新石器时代中期
1989 年大黄沙遗址出土
长 5.8、宽 4.5、厚 1.4cm

42. 石斧
新石器时代中期
1989 年大黄沙遗址出土
长 13、宽 6.8、厚 1.6cm

43. 石饼形器

新石器时代中期

1989年大黄沙遗址出土

直径7.2、厚2.6cm

44. 石砧

新石器时代中期

1988年大黄沙遗址出土

长29.5、宽16.5、厚3.5cm

45. 石凿
　　新石器时代中期
　　1989 年大黄沙遗址出土
　　长 13、宽 4.7、厚 2.3cm

46. 石锛
　　新石器时代中期
　　1988 年大黄沙遗址出土
　　长 12.2、刃宽 5、厚 1.8cm

47. 石饼形器
　　新石器时代中期
　　1988 年大黄沙遗址出土
　　直径 8、厚 4.2cm

三、大梅沙Ⅰ区遗址

　　大梅沙遗址位于盐田区大梅沙海边沙堤上。1982年文物普查时发现，1992年进行发掘。在位于沙堤中部的Ⅰ区发现新石器时代中期的文化遗存。出土遗物不多，但文化特征明显属咸头岭类型。以夹砂陶为绝大多数，有较多的贝印纹和贝划纹，器形以圜底器为主。

48. 绳纹夹砂陶釜
　　新石器时代中期
　　1992年大梅沙遗址Ⅰ区出土
　　口径12、腹径19、高14.5cm

49. 绳纹夹砂陶釜
　　新石器时代中期
　　1992年大梅沙遗址Ⅰ区出土？
　　口径15.5、腹径19.6、高21.3cm

50. 梯形石锛

新石器时代中期

1992 年大梅沙遗址 I 区出土

长 7.2、刃宽 3.7、厚 1.5cm

51. 长条形石锛

新石器时代中期

1992 年大梅沙遗址 I 区出土

长 3.7、刃宽 5.6、厚 2.4cm

52. 条纹石拍

新石器时代中期

1992 年大梅沙遗址 I 区出土

长 21.6、宽 6.6、厚 1.1cm

四、小梅沙遗址

　　小梅沙遗址位于盐田区小梅沙沙堤东端，1980年发现并发掘。出土遗物较少，但其中出土的一件红衣泥质彩陶圈足盘绘有赭红色的条纹、波浪纹、双钩纹和不规则的菱形圆点纹等图案，是广东新石器考古中首先发现并修复完整的彩陶器。

53. 彩陶圈足盘
　　新石器时代中期
　　1980年小梅沙遗址出土
　　口径27、底径20.2、高8.3cm

第二节 新石器时代晚期

　　到了距今约5000～3500年的新石器时代晚期阶段,深圳的原始先民生产力有所发展,石器的制作水平有了明显的进步,已能制作较规整且便于装柄的有段石锛和双肩石器;石箭镞精心打磨,刃部锋利对称,具有一定的杀伤力;陶器普遍使用慢轮加工,烧造火候增高,器形增大,胎壁厚薄匀称,陶器表面纹饰更为精致,流行绳纹、方格纹、叶脉纹等。

　　深圳地区调查发现属新石器时代晚期的文化遗存30多处,经发掘的有蛇口赤湾遗址和葵涌上洞、大梅沙鹅公吉遗址等,说明了人类居住区域已经大范围拓展。

一、赤湾遗址

　　赤湾遗址现已建成蛇口赤湾深水港码头,1980年文物普查时发现并进行发掘。出土的陶器以夹砂红、黑陶和几何印纹软陶为主,石器磨光较精致。在赤湾遗址中首次发现岭南新石器时代晚期别具特色的陶器座和炉箅。

54.叶脉状陶炉箅

　　新石器时代晚期

　　1980年赤湾遗址出土

　　长24.3、宽14.2、厚2.5cm

55. 网格状陶器算
　　新石器时代晚期
　　1980 年赤湾遗址出土
　　长 23.5、宽 23.5、厚 3.2cm

56. 镂孔陶器座
　　新石器时代晚期
　　1980 年赤湾遗址出土
　　口径8、底径12.5、高14.8cm

57-1. 石锛
　　新石器时代晚期
　　1980年赤湾遗址出土
　　长 5.2、刃宽 3.5cm

57-2. 石箭镞
　　新石器时代晚期
　　1980年赤湾遗址出土
　　长5.7、宽1.9、厚0.8cm

58. 有肩石锛
　　新石器时代晚期
　　1980年赤湾遗址出土
　　长9、宽6.7cm

二、上洞遗址

上洞遗址位于葵涌镇上洞村东南的古沙堤上。1982年发现并进行发掘。遗址出土文物不多，以磨光石器、夹砂粗陶器为主，也有灰色泥质陶。

59. 有段石锛
　　新石器时代晚期
　　1982年上洞遗址出土
　　长4、宽4cm

60. 砺石
　　新石器时代晚期
　　1982年上洞遗址出土
　　长10、宽8cm

第二单元　商周时期

　　夏商时期，岭南的文明进程相对中原地区滞后。当黄河流域创造出灿烂的青铜文化，以青铜铸造为代表的商朝物质文明时，岭南尚处于原始社会末期向文明时代过渡阶段。商统治势力虽未越过南岭，但商文化或多或少对岭南产生了影响。西丽屋背岭商时期古墓群的重大发现，从考古学的角度证明岭南地区早在3000多年前就有了自己的文明存在。

　　东周时期则是岭南青铜文化重要的发展时期，也是古越族最活跃的时期。随着中原先进文化传播的扩大，岭南青铜文化发展到高峰期。以夔纹陶类型为特征的原始瓷器的烧造工艺可与中原媲美。大梅沙春秋晚期墓葬出土的青铜兵器和工具铸造工艺接近中原水平。叠石山战国遗址发现铁器。铁器应用于农耕生产，推进了经济社会的发展进程。

第一节　商时期文化遗存

　　深圳出土的商时期文化遗存较多,其中屋背岭墓葬群和向南村遗址对深圳及广东地区考古学研究具有重要价值。

　　从屋背岭商时期墓葬和向南村遗址出土器物看,此时期遗存总体文化特征是:流行圜凹底器、带流器、折肩器,有商文化特征的尊、豆等,比较有代表性的陶器纹饰有菱格凸点纹、曲折纹 、叶脉纹、云雷纹等,出土的石器多见磨光的有肩有段石锛,直内无胡穿孔石戈和带凹槽的石矛也显露出商文化的某些特征。

一、屋背岭遗址

　　屋背岭遗址位于南山区西丽福光村屋背岭山上,1999年文物普查时发现,2001年~2002年先后进行过两次发掘。共发掘商时期的墓葬94座,出土大批陶器和石器。2001年被评为"全国十大考古新发现"。

屋背岭遗址考古发掘现场

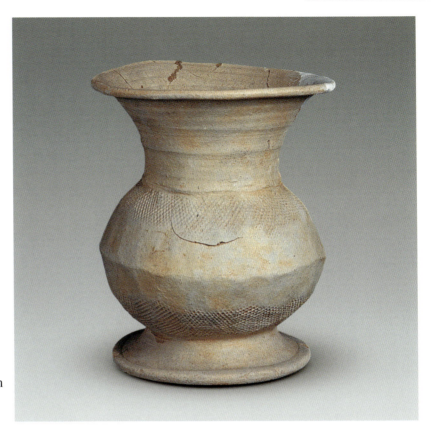

61. 大口陶尊
　商时期
　2002 年屋背岭遗址出土
　口径 20、腹径 18、高 23.5cm
　南头古城博物馆藏

62. 陶尊
　商时期
　2002 年屋背岭遗址出土
　口径 6.1、腹径 16.1、底径 9.4、高 18.8cm
　南头古城博物馆藏

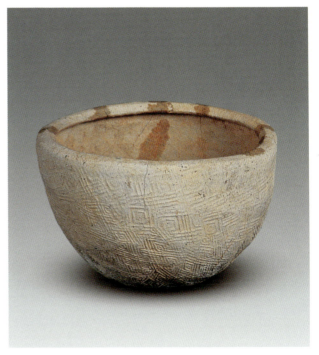

63. 陶钵
　商时期
　2002 年屋背岭遗址出土
　口径 15、高 12cm
　南头古城博物馆藏

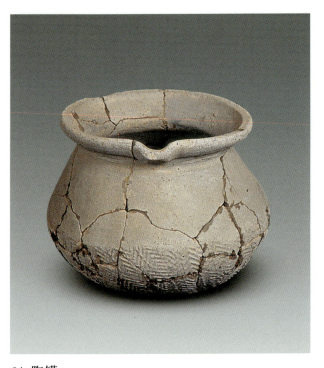

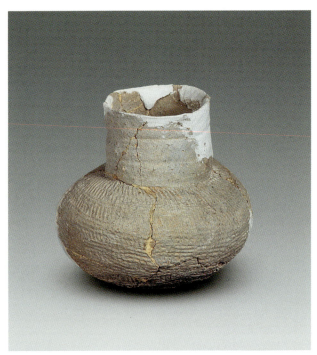

64. 陶罐
    商时期
    2002 年屋背岭遗址出土
    口径 11.9、腹径 17.5、高 13.6cm
    南头古城博物馆藏

65. 陶罐
    商时期
    2002 年屋背岭遗址出土
    口径 9、腹径 15.5、高 14.5cm
    南头古城博物馆藏

66. 陶罐
    商时期
    2002 年屋背岭遗址出土
    口径 14、腹径 29.5、高 25cm
    南头古城博物馆藏

67. 陶豆

　　商时期

　　2002 年屋背岭遗址出土

　　口径 15.5、腹径 5.6、高 14.5cm

　　南头古城博物馆藏

68. 陶豆

　　商时期

　　2002 年屋背岭遗址出土

　　口径 22、腹径 10、高 27.5cm

　　南头古城博物馆藏

69. 陶罐

商时期

2002 年屋背岭遗址出土

口径 21、腹径 27.5、高 24cm

南头古城博物馆藏

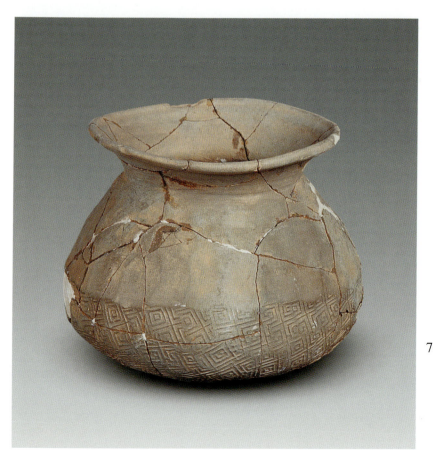

70. 陶罐

商时期

2002 年屋背岭遗址出土

口径 19、腹径 26、高 19.5cm

南头古城博物馆藏

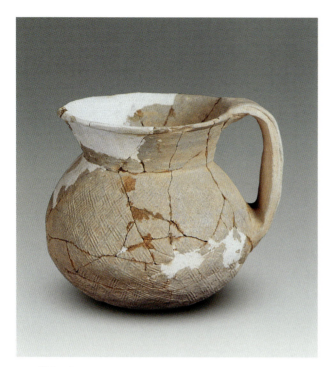

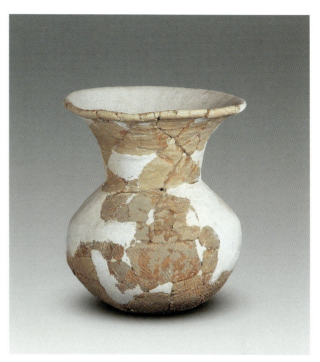

71. 带把壶

　　商时期

　　2002 年屋背岭遗址出土

　　口径 14、腹径 15.5、高 16cm

　　南头古城博物馆藏

72. 陶尊

　　商时期

　　2002 年屋背岭遗址出土

　　口径 15.2、腹径 16.2、高 14cm

　　南头古城博物馆藏

73. 陶罐

　　商时期

　　2002 年屋背岭遗址出土

　　口径 14.5、腹径 20.5、高 18.5cm

　　南头古城博物馆藏

74. 石锛

商时期

2002 年屋背岭遗址出土

长 16.4、宽 6.2cm

南头古城博物馆藏

75. 长把石锛

商时期

2002 年屋背岭遗址出土

长 7.6、宽 4.1cm

南头古城博物馆藏

76. 铜矛

战国

2002 年屋背岭遗址战国墓出土

长 16.7、宽 2.1cm

南头古城博物馆藏

77. 铜斧

战国

2002 年屋背岭遗址出土

长 9.2、宽 4、高 2.1cm

南头古城博物馆藏

二、向南村遗址

向南村遗址位于南山区蛇口半岛的沙堤上，1996年发掘。出土的文化遗物极其丰富，分陶器、石器和骨角器三大类。陶器以夹砂陶为主，纹饰除绳纹、菱格凸点纹外，还有曲折纹、方格纹、叶脉纹和云雷纹等。典型器物有折肩罐、凹底罐、磨制精良的有肩有段石锛、直内石戈等。所发现的12件骨器制品，是深圳其他遗址未见的。向南村遗址也是珠江三角洲迄今所发掘的较重要的商时期遗址之一。

78. 陶纺轮
商时期
1996年向南村遗址出土
直径4、厚1cm

79. 绳纹陶釜
商时期
1996年向南村遗址出土
口径13、高10cm

80-1. 骨纺轮
　　商时期
　　1996 年向南村遗址出土
　　直径 3.4、厚 1.5cm

80-2. 骨镞
　　商时期
　　1996 年向南村遗址出土
　　长 8.6、宽 1.6cm

81. 角锥
　　商时期
　　1996 年向南村遗址出
　　长 27、直径 2cm

82-1. 石戈
　　商时期
　　1996 年向南村遗址出土
　　长 15.3、宽 4.3cm

82-2. 石镞
　　商时期
　　1996 年向南村遗址出土
　　长 7.4、宽 1.7cm

83. 双肩石锛
　　商时期
　　1996 年向南村遗址出土
　　长 11、宽 6.5cm

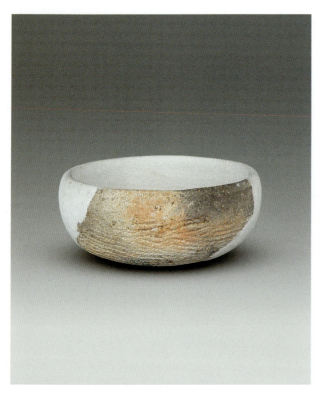

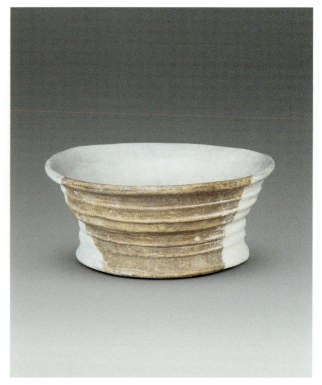

84. **陶钵**
  商时期
  1996年向南村遗址出土
  口径 15.5、高 7cm

85. **圈足陶盘**
  商时期
  1996年向南村遗址出土
  口径 15、足径 12、高 7cm

86. **圜底钵**
  商时期
  1996年向南村遗址出土
  口径 28.5、高 10.5cm

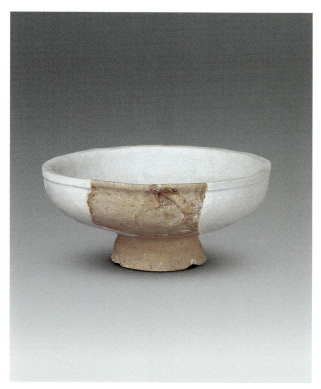

87. 陶豆
　　商时期
　　1996 年向南村遗址出土
　　口径 21、底径 9、高 9cm

88. 陶盘
　　商时期
　　1996 年向南村遗址出土
　　口径 20.5、高 5cm

89. 圜底陶釜
　　商时期
　　1996 年向南村遗址出土
　　口径 42.5、腹径 50、高 36cm

三、大梅沙村商时期墓葬

　　大梅沙村商时期墓葬位于盐田区大梅沙村东北台地上。2001年在此发现和发掘了18座商周时期的墓葬，属商时期墓葬有5座。在其中一座商墓中出土泥质折腹罐和玉璧各一件。值得关注的是，这件玉璧是深圳地区目前出土的唯一的一件玉璧，其形状与安阳等地的商墓出土玉璧较相似。玉璧是古代一种礼器，作为身份和地位的象征。

大梅沙村商时期墓葬 M8 发掘现场

90. 玉玦
商时期
2001年大梅沙村商时期墓葬出土
直径 6cm
中英街历史博物馆藏

91. 玉璜

商时期

2001 年大梅沙村商时期墓葬出土

长 7、宽 1.6 cm

中英街历史博物馆藏

92. 玉璧

商时期

2001 年大梅沙村商时期墓葬出土

外径 14.5 、内径 6.5、厚 0.3cm

中英街历史博物馆藏

93. 绿松石饰品

　　商时期

　　2001年大梅沙村商时期墓葬出

　　最大者直径2.2、厚1.4cm

　　中英街历史博物馆藏

94. 曲折纹陶罐

　　商时期

　　2001年大梅沙村商时期墓葬出

　　口径26.5、高24.5 cm

　　中英街历史博物馆藏

四、蛇口鹤地山遗址下文化层

　　鹤地山遗址位于蛇口工业区鹤地山东北山腰和山脚的古沙洲上，1980 年发现并发掘。遗址分上下两文化层，其中下文化层属商时期文化遗存。出土的石器磨制光滑，尤以有段或双肩石锛为突出。陶器以夹砂黑陶为多，纹饰多绳纹、篮纹，也有编织纹等，器形以圜底釜、罐为主，也有大口尊等。

95. 石网坠
　　商时期
　　1980 年蛇口鹤地山遗址出土
　　长 20、宽 12cm

96. 石矛
  商时期
  1980年蛇口鹤地山遗址出土
  长 11.8、宽 4.5cm

97. 有段石锛
  商时期
  1980年蛇口鹤地山遗址出土
  长 5.6、宽 4.4cm

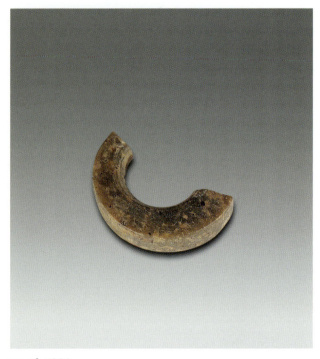

98. 残石环
  商时期
  1980年蛇口鹤地山遗址出土
  环径 3.5cm

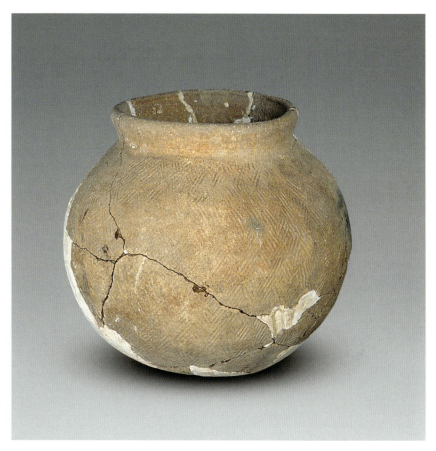

99. 曲尺纹夹砂陶罐
　　商时期
　　1980 年蛇口鹤地山遗址出土
　　口径 24.5、高 23cm

100. 夹砂陶器座
　　商时期
　　1980 年蛇口鹤地山遗址出土
　　口径 14.5、底径 16、高 17.8cm

101. 陶纺轮
　　商时期
　　1980 年蛇口鹤地山遗址出土
　　轮径 4cm

五、咸头岭墓葬

　　大鹏咸头岭遗址除新石器时代文化遗存外，2006年考古发现商时期的文化层。1985年、1997年和2004年三次发掘都出土有商周时期的墓葬。商时期墓葬出土的高把豆、束颈带流圜底罐与屋背岭商时期墓葬所出相近。

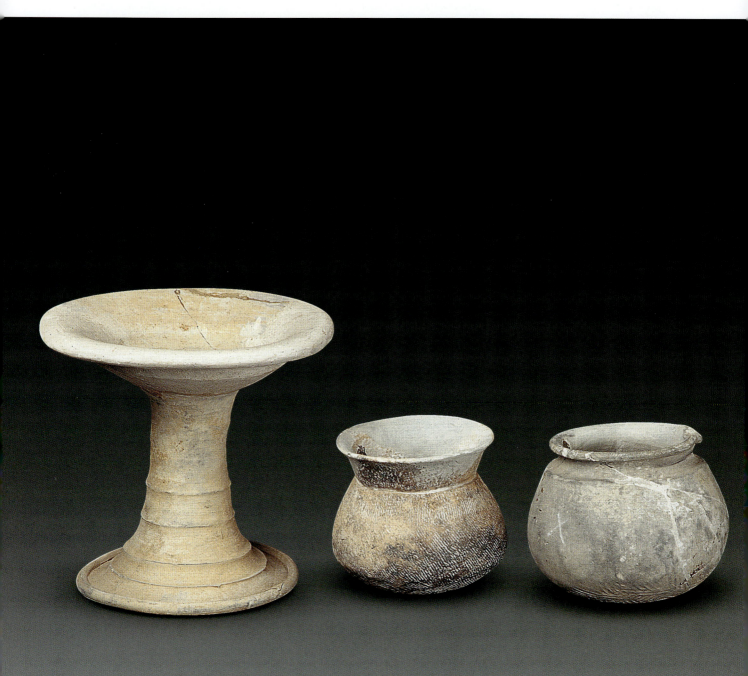

102-1. 高把陶豆
商时期
1985年咸头岭墓葬出土
口径27、底径20.7、高25.7cm

102-2. 带流叶脉纹陶罐
商时期
1985年咸头岭墓葬出土
口径13.6、高13.5cm

102-3. 折绳纹夹纹腹陶罐
商时期
1985年咸头岭墓葬出土
口径14.5、高14.4cm

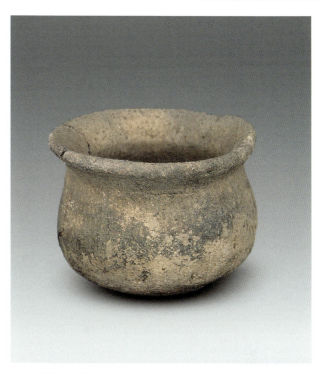

103. 陶纺轮
　　商时期
　　1985年咸头岭墓葬出土
　　轮径2.7、厚1.1cm

104. 绳纹陶釜
　　商时期
　　1985年咸头岭墓葬出土
　　口径9.3、高7.3cm

105. 方格纹提梁陶壶
　　商时期
　　1985年咸头岭墓葬出土
　　腹径25.6、高21cm

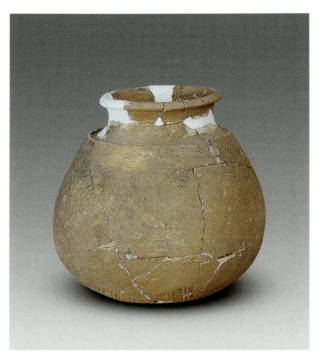

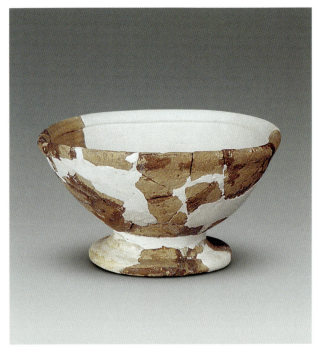

106. 陶罐
　　商时期
　　2004 年咸头岭墓葬出土
　　口径 11.5、高 18.2cm

107. 泥质陶豆
　　商时期
　　1997 年咸头岭遗址出土
　　口径 27、底径 15.5、高 14cm

108. 泥质云雷纹陶尊
　　商时期
　　1997 年咸头岭墓葬出土
　　口径 17.8、底径 14.4、高 24cm

第二节 春秋战国时期

春秋战国时期，岭南古越族先后经历了夔纹陶和米字纹陶阶段，前者以大梅沙墓葬和观澜追树岭遗址为代表；后者以叠石山遗址米字纹陶遗存和屋背岭战国墓为典型。古籍记载，古越族人的习俗为饭稻羹鱼、擅长舟楫、断发文身、椎髻拔牙、习居"干栏"，而且，越人有"好相攻击"之风，大梅沙墓葬出土的众多青铜兵器或可印证古籍的相关记载。

一、大梅沙Ⅱ区

大梅沙遗址Ⅱ区为青铜时代的文化遗存。在1992年和1993年两次发掘中共出土春秋时期墓葬10座，其中6座墓葬出土青铜器11件，这是深圳地区首次发现春秋时期出土青铜器的墓葬。青铜器均为兵器和生产工具，尤以兵器制作精美，冶炼技术也臻于成熟。此外8座有随葬品的墓葬还出土陶器21件，石器2件。陶器为夔纹陶类型遗物，较有特点的器物有夔纹圆底大瓮、饰有青黄釉的原始瓷豆等。

109. 青铜戈
春秋
1982年大梅沙遗址Ⅱ区采集
长16.5、宽9.5cm

110. 青铜长矛
春秋
1993年大梅沙遗址Ⅱ区出土
长34、宽7cm

111. 青铜矛
　　春秋
　　1993 年大梅沙遗址 II 区出土
　　长 16.2、宽 4.5cm

112. 青铜钺
　　春秋
　　1993 年大梅沙遗址 II 区出土
　　长 11.8、宽 10cm

113. 青铜篾刀
　　春秋
　　1993 年大梅沙遗址 II 区出土
　　长 10.8、宽 2.6cm

114. 青铜钺
　　春秋
　　1993 年大梅沙遗址 II 区出土
　　长 7、宽 6.6、厚 2cm

115. 原始青瓷豆
春秋
1993年大梅沙遗址Ⅱ区出土
口径11.5、底径5.8、高6.5c

116. 兽把镂孔高圈足陶杯
春秋
1993年大梅沙遗址Ⅱ区出土
口径7.7、底径6、高7.6cm

117. 陶纺轮
春秋
大梅沙遗址Ⅱ区出土
直径3.2、厚2.4cm

118. 硬陶豆
春秋
1993年大梅沙遗址Ⅱ区出土
口径15.2、底径7.7、高9cm

119. 回纹双系圈底陶罐
春秋
大梅沙遗址Ⅱ区出土
口径12.8、高17cm

120. 方格戳点纹圜底陶罐
春秋
1993年大梅沙遗址Ⅱ区出土
口径11.7、高13cm

121. 夔纹陶罐
春秋
2001年大梅沙村青铜时代遗址出
口径5.4、腹径41、高37cm
中英街历史博物馆藏

二、观澜追树岭遗址

观澜追树岭遗址位于宝安区观澜东庵村追树岭北坡上，1982年发现并采集到商时期和春秋战国时期文化遗物。包括纹饰精美的夔纹陶罐、瓮、簋形器、鼎等。丰富了深圳此类型遗存的文化内涵。

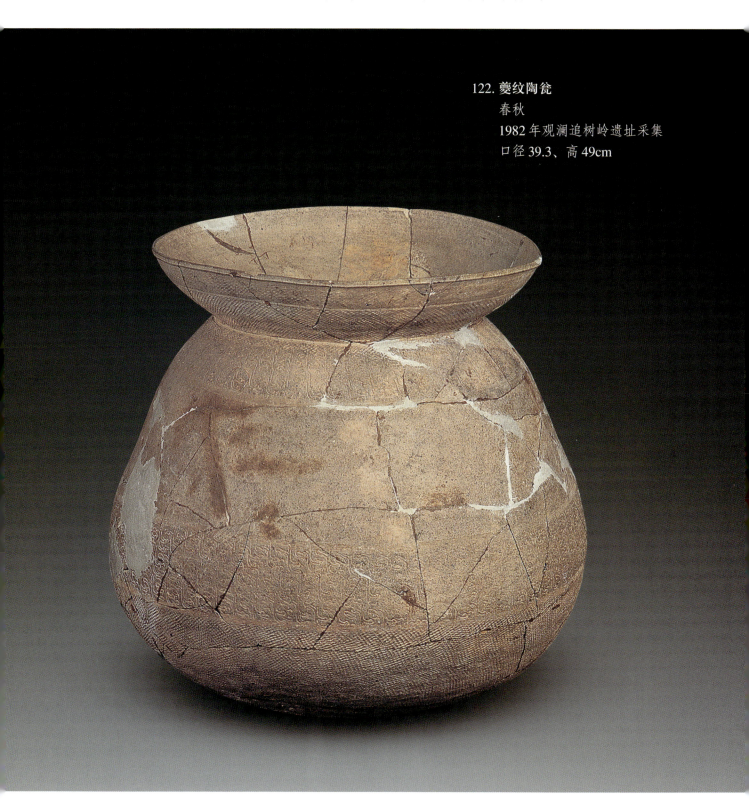

122. 夔纹陶瓮
春秋
1982年观澜追树岭遗址采集
口径 39.3、高 49cm

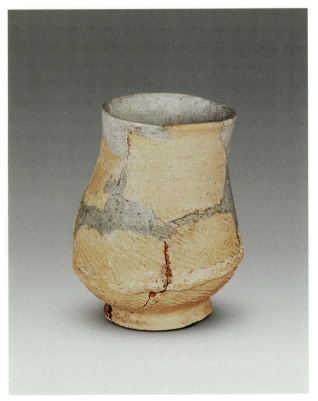

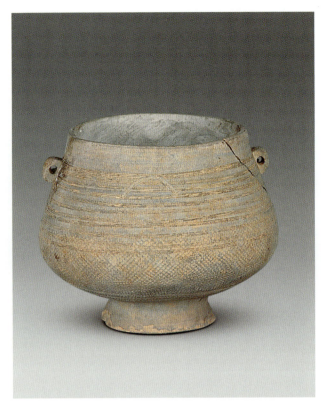

123. 绳纹陶尊
　　战国
　　1982年观澜追树岭遗址采集
　　口径7.6、底径6.3、高11.5cm

124. 双耳陶簋
　　战国
　　1982年观澜追树岭遗址采集
　　口径10.6、高11.6cm

125. 陶鼎
　　战国
　　1982年观澜石仔堆山遗址采集
　　口径12.5、高12cm

三、西丽水库西北区山岗遗址

西丽水库西北区山岗遗址为大沙河上游坡地。1987～1989年住在深圳大学的英籍专家谭世安先生等利用业余时间在此多次调查，并采集到一些不同时期文化遗物，其中属青铜时代夔纹陶类型的遗物有罐、瓮、尊等。后来谭先生将这些文物移交给深圳博物馆收藏。

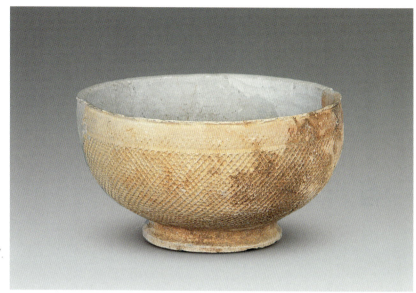

126. 菱格纹陶簋
　　战国
　　西丽水库山岗遗址采集
　　口径21.6、高11.8cm

127. 重圈纹陶瓮
　　春秋
　　西丽水库山岗遗址采集
　　口径31、高38.5cm

128. 条纹陶罐

商时期

西丽水库山岗遗址采集

口径 11.3、底径 8.7、高 18.5cm

129. 石镯

新石器时代晚期

西丽水库山岗遗址采集

直径 8.4、厚 1.2、高 1.8cm

130. 石璜、石环
　　新石器时代晚期
　　西丽水库山岗遗址采集
　　长 6、宽 0.5、厚 0.6cm

131-1. 水晶坠饰
　　新石器时代晚期
　　西丽水库山岗遗址采集
　　长 5.2、宽 1.3cm

131-2. 水晶刮削器
　　新石器时代晚期
　　西丽水库山岗遗址采集
　　长 3.6、宽 5.4cm

四、叠石山遗址

　　叠石山遗址位于南山区西丽茶光村南面。1987年在广深高速公路建设调查时发现并发掘。文化遗存包括夔纹陶和米字纹陶两种类型。出土的文化遗物有陶器、石器、青铜器和铁器。陶器的纹饰有方格纹、夔纹、回字纹、菱形纹、重圈纹、云雷纹、米字纹等。较完整的器物有豆、碗、盒、篦等。陶器口沿及圈足常见简单的刻划符号。还出土有4件铁斧。叠石山遗址的一项重大发现是在文化层发现房屋基址1处，49个柱洞排列有序，平面形状呈圆形，推测为当时古越族流行的"干栏式"建筑。

132. 铁斧
战国
1987年叠石山遗址出土
长8、宽7、厚2.5cm

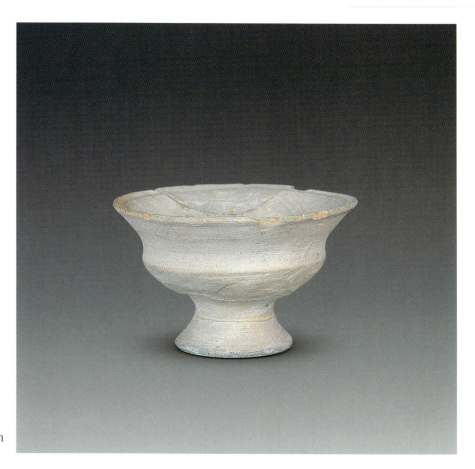

133. 陶豆
　　战国
　　1987 年叠石山遗址出土
　　口径 11.8、底径 5.5、高 6.7cm

134. 陶豆
　　战国
　　1987 年叠石山遗址出土
　　口径 17.5、底径 8.2、高 9.8cm

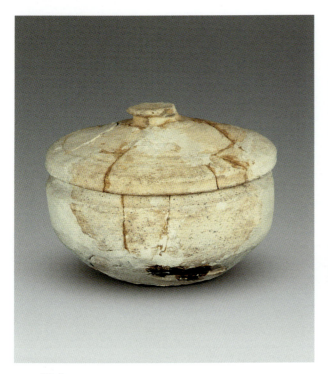

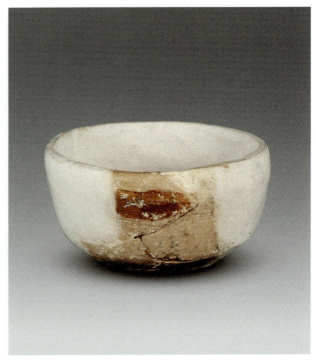

135. 陶盒
　　战国
　　1987 年叠石山遗址出土
　　口径 10.7、底径 7、通高 8.5cm

136. 陶杯
　　战国
　　1987 年叠石山遗址出土
　　口径 9、高 4.5cm

137. 弦纹双系灰陶罐
　　战国
　　1987 年叠石山遗址出土
　　口径 12.2、高 10.5cm

五、屋背岭战国墓葬

　　2001～2002年发掘的西丽屋背岭墓地发掘了6座战国时期米字纹陶类型墓葬。出土随葬品有青铜器、陶器、原始瓷器和石器。青铜器出土6件，包括有钺、斧和刮刀。陶器种类有罐、瓮、瓿、豆、碗、盂等。

138. 陶瓿
　　战国
　　2002年屋背岭墓葬出土
　　口径12.9、腹径24、高15cm
　　南头古城博物馆藏

139. 陶罐
　　战国
　　2002年屋背岭墓葬出土
　　口径12.3、腹径27、高26cm
　　南头古城博物馆藏

140. 陶瓮

战国

2002 年屋背岭墓葬出土

口径 14.9、腹径 29、高 31cm

南头古城博物馆藏

141. 细方格纹大瓮

战国

2002 年屋背岭墓葬出土

口径 18.5、腹径 46、高 44cm

南头古城博物馆藏

142. 铜刮刀
 战国
 2002 年屋背岭墓葬出土
 长 7.7、宽 6.4cm
 南头古城博物馆藏

143. 米字纹陶瓮
 战国
 1980 年大湖村墓葬出土
 口径 29.3、底径 21、高 52.6cm

第三单元　秦汉－南朝时期

秦始皇三十三年（公元前214年）统一岭南，设置南海、桂林、象三郡。深圳地区属南海郡番禺县。秦统一后推行徙民实边政策，中原军民迁徙岭南的同时，带来了先进的文化和生产技术，促进了岭南地区的开发。

秦末天下大乱，赵佗乘机割据岭南，并于汉高祖三年（公元前204年）建立南越国，深圳属南越国辖地。汉武帝元鼎六年（公元前111年）平定南越国后，深圳地区进一步融入汉民族的主流文化当中。

魏晋时期深圳地区有了更大的发展。东晋咸和六年（公元331年）晋成帝设立东官郡和宝安县，郡、县治所同设于今深圳南头，由此揭开了深圳城市历史的首页。深圳在当时也成为粤东南地区政治、经济、文化的中心。

深圳发现的这一时期文化遗存以东汉和东晋南朝墓葬为多，并且主要分布在南山和宝安西乡一带，是古代南头城城市建设和发展历史的人文见证。

第一节 秦汉时期

秦汉以来，随着郡县制的巩固，朝廷强化了对岭南等周边地区的统治，中土人民一批又一批迁徙入粤，中原经济、文化不断地输入和传播，加上汉代在南海郡番禺县设置盐官，管理深圳等地的盐业生产，使深圳地区得到相应的开发。此时期深圳发现的汉墓多为砖室墓，出土的文物大多数也与广州等地的汉墓相同。尤其是"九九乘法口诀"陶砖在全国的首次发现，反映了当时深圳社会的稳定，民生的发展和教育文化的普及。

一、红花园汉墓

红花园古墓群分布在南头古城南面，1981年为配合基建工程，在此清理了一批各时期的墓葬，其中包括西汉墓1座、东汉墓8座。东汉砖室墓可分为"凸"字形、"中"字形和"卜"字形三种形式。出土文物包括陶器、铜器、银器和料器等类。"九九乘法口诀"陶砖即出自红花园3号墓。

144. 陶盒
东汉
1981年红花园汉墓出土
口径10.2、底径4.9、高7.5cm

145. "九九乘法口诀"陶砖
东汉
1981年红花园汉墓出土
长37、宽17、高4cm

"九九乘法口诀"陶砖拓片

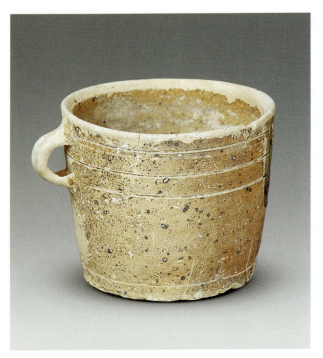

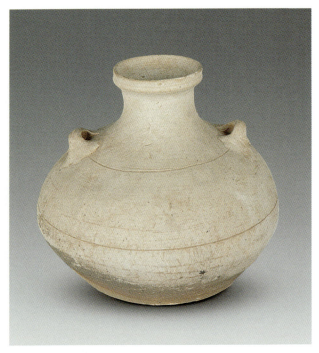

146. 青釉弦纹单把杯
东汉
1981 年红花园汉墓出土
口径 8.8、高 11.4cm

147. 双系陶壶
东汉
1981 年红花园汉墓出土
口径 5.3、高 13.2cm

148. 陶井
东汉
1981 年红花园汉墓出土
口径 10.3、底径 17、高 12.2cm

149. 陶灶

东汉

1981年红花园汉墓出土

长19.4、宽15、高11.5cm

150. 陶熏炉

东汉

1981年红花园汉墓出土

口径8.5、底径9.1、高15cm

151. 铜镜

东汉

1981 年红花园汉墓出土

直径 10.4 cm

152. **铜镜**
东汉
1981年红花园汉墓出土
直径 7.4 cm

153. **铜镜**
东汉
1981年红花园汉墓出土
直径 10 cm

154. 银手镯
　　东汉
　　1981 年红花园汉墓出土
　　直径 7cm

155. 料串珠
　　东汉
　　1981 年红花园汉墓出土
　　直径 5～6cm

二、西乡汉墓和其他汉代文物

宝安新安中学和附近的铁仔山也是深圳汉墓的另一主要分布地区。尤其重要的是，在铁仔山一座东汉砖室墓中发现了3块"熹平四年"（公元175年）纪年砖，说明东汉时期深圳已是南海郡经济、文化较发达的地区之一。而上步禾镰坑铜钱窖藏出土的两汉时期货币，也反映了当时商品经济渐趋发达。

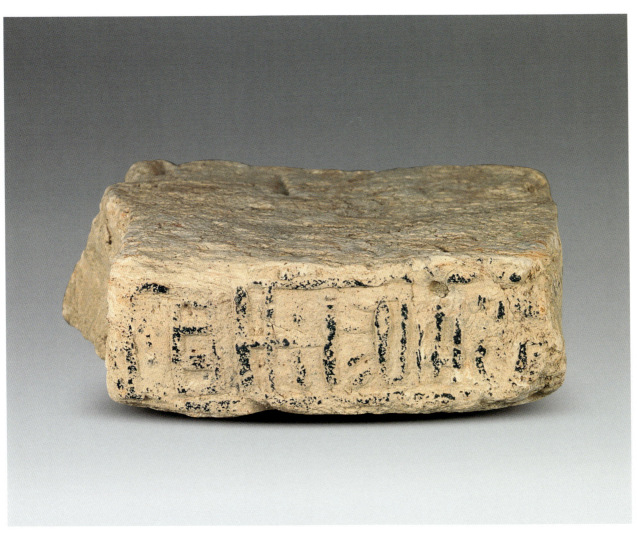

156."熹平四年"纪年砖
东汉
1987年铁仔山汉墓出土
残长20、残宽17、高5.8 cm

157. 人面纹砖
东汉
1987年铁仔山汉墓出土
长 20、宽 15.2、高 8 cm

158. 豆形陶灯盏
　　东汉
　　1984 年西乡中学汉墓出土
　　口径 9.5 、高 14.7 cm

159. 褐釉镂空簋
　　东汉
　　1984 年西乡中学汉墓出土
　　口径 22.5、高 16.5 cm

160. 褐釉弦纹壶
　　东汉
　　1984 年西乡中学汉墓出土
　　口径 10.9、高 25.8 cm

第二节　三国－南朝时期

　　三国至南朝时期，深圳的政治、经济、文化有了进一步的发展。东吴甘露元年（公元265年），东吴政府在南头设置"司盐都尉"，并修建了"司盐都尉垒"作为盐官驻地。西晋元康至永嘉年间（公元291～312年）中原战乱频仍，流民纷纷避难入粤。东晋政权建立后，为了满足南迁官吏和贵族分割权力、财富及领地的要求，不断地从原有郡县分置出新的郡县。东晋成帝咸和六年（公元331年）分南海郡设立东官郡，下辖宝安等六县。郡县治所同设于南头，这是深圳城市历史的开端。

　　自1983年以来，西乡铁仔山等地发现多处东晋、南朝时期的古墓群，推测应为当时郡县治所居民的坟地。近年在南头古城南门外发掘出的古护城壕，更证实了东官郡与南头城在同一地方的文献记载。

　　东官郡的设立和盐业等经济的发展，使得当时深圳社会走向繁荣，文化上也与中原地区进一步趋同。从铁仔山等东晋、南朝墓葬出土随葬品可见一斑。

一、富足山东吴墓

　　1985年，深圳博物馆考古人员在宝安区西乡流塘村富足山发掘一座三国东吴时期的墓葬，其中出土一件做工精细、造型别致的青釉猪形虎子。

161. 青釉虎子
三国
1985年富足山东吴墓出土
长26、宽15、高19.7cm

二、南头古城东晋南朝壕沟

2001年10月至2002年9月，深圳市考古工作者对南头古城进行发掘，发现了一条东西长110米、南北宽38米的东晋南朝时期的护城壕沟。护城壕内出土了大量的东汉、三国及东晋南朝的遗物。

从出土遗物的年代及壕沟所在位置分析，这段壕沟可能就是东晋"东官郡"的城池遗迹。这段东晋南朝护城壕沟遗迹的发现是深圳考古的重大收获，印证了史书记载的"东官郡"郡治就在今天的南头古城。

南头古城遗址考古发掘现场

162. 青釉四系罐

东晋

2002 年南头古城东晋南朝壕沟出土

口径 11.5、底径 20.9、高 24.8cm

南头古城博物馆藏

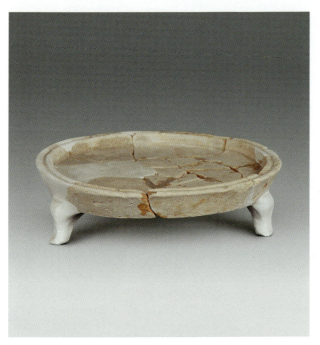

163. 三足砚台

东晋

2002 年南头古城东晋南朝壕沟出土

口径 19.5、底径 17.2、高 5cm

南头古城博物馆藏

164. 手纹砖

东晋

2002 年南头古城东晋南朝壕沟出土

长 17.5、宽 17.7、高 5.4cm

南头古城博物馆藏

三、西乡铁仔山东晋南朝墓

　　西乡铁仔山是深圳地区的大型古墓葬群区，其中东晋、南朝墓的数量较多，出土了大量的文物。这反映出当时深圳的人口众多，社会经济相对繁荣稳定。

铁仔山古墓葬群考古发掘现场

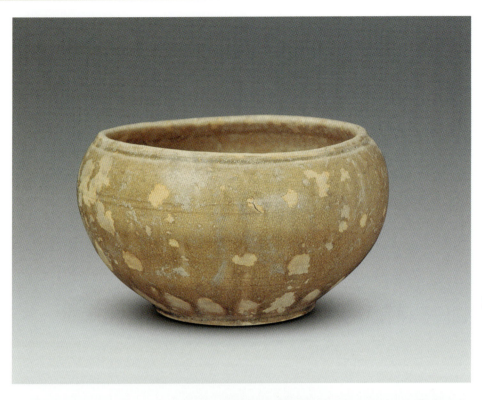

165. 青釉钵
  东晋
  1988年西乡铁仔山东晋墓出土
  口径 21.5、高 11.5cm

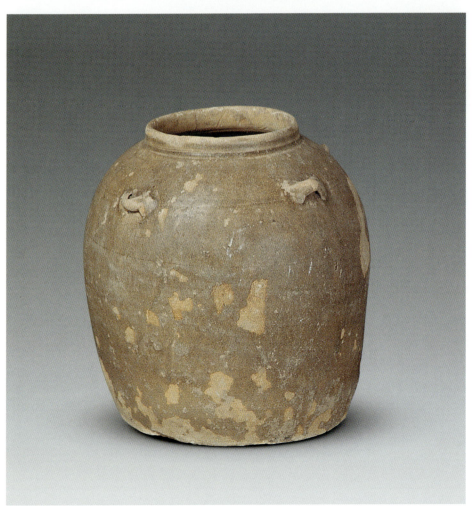

166. 青釉四系罐
  东晋
  1988年西乡铁仔山东晋墓出土
  口径 12、底径 18.2、高 22.7cm

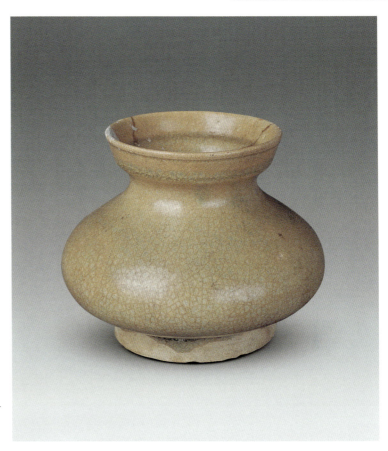

167. 青釉唾盂

东晋

1984 年西乡铁仔山东晋墓出土

口径 7.2、高 9.4 cm

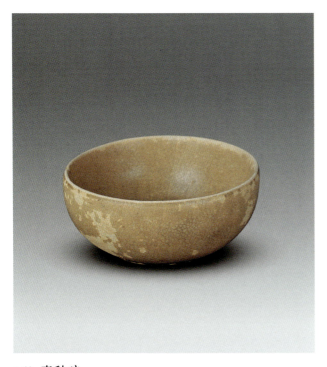

168. 青釉碗

东晋

1984 年西乡铁仔山东晋墓出土

口径 8.1、底径 4.6、高 3.5 cm

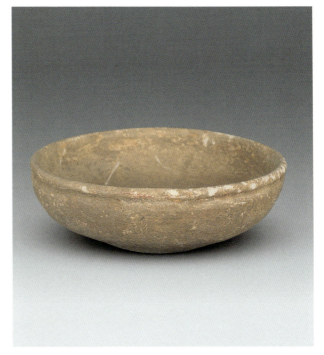

169. 青釉碗

东晋

1988 年西乡铁仔山东晋墓出土

口径 12.2、高 4cm

170. 青釉六系罐
东晋
2000 年西乡铁仔山东晋墓出土
口径 6、底径 5.7、高 9cm

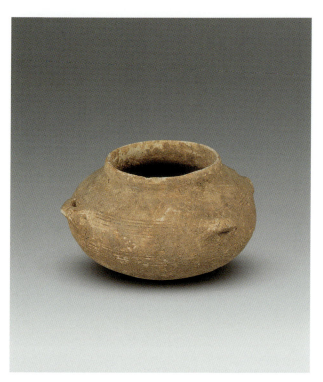

171 青釉四系罐
东晋
1988 年西乡铁仔山东晋墓出土
口径 4.8、底径 4.8、高 4.4cm

172. 青釉钵
东晋
1983 年西乡铁仔山东晋墓出土
口径 8.5、底径 5、高 5.2 cm

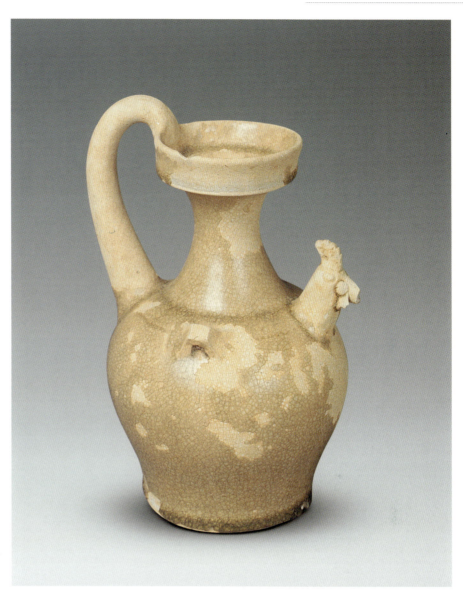

173. 青釉鸡首壶
　　南朝
　　2000 年西乡铁仔山南朝墓出土
　　口径 6.6、底径 7.7、高 18cm

174. 青釉双系小罐
　　南朝
　　2000 年西乡铁仔山采集
　　口径 3.8、底径 5.4、高 8.3cm

175. 青釉罐
南朝
2000 年西乡铁仔山南朝墓出土
底径 11.8、高 16cm

176. 青釉带托盘三足炉
南朝
1988 年西乡铁仔山南朝墓
底径 11.6、高 8 cm

177. 青釉三足砚

南朝

1984年西乡铁仔山南朝墓出土

口径17.8、高6.5cm

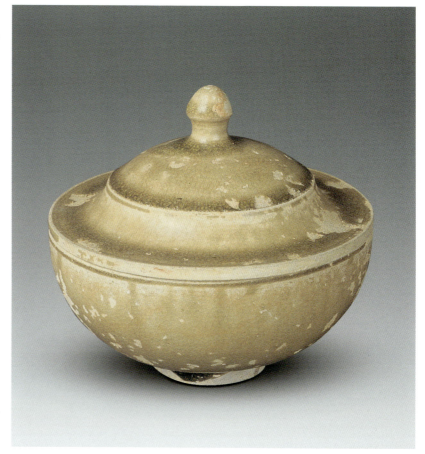

178. 青釉盖碗

南朝

1984年南头大涌村南朝墓出土

口径10.5、高10 cm

179. 青釉盘
南朝
1988 年西乡铁仔山南朝墓出土
口径 22、高 4.3 cm

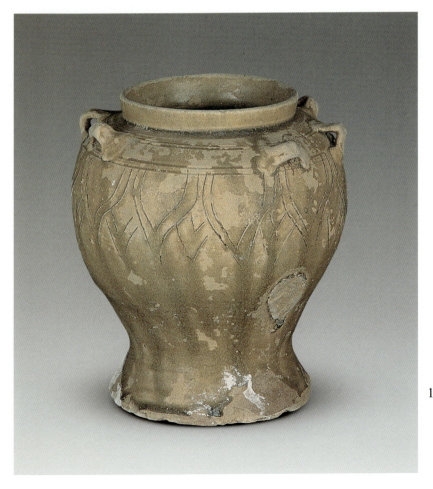

180. 青釉莲瓣纹六系罐
南朝
1988 年西乡铁仔山南朝墓出土
口径 11.5、底径 13.5、高 19.7 cm

181. 青釉杯
　　南朝
　　1988 年西乡铁仔山南朝墓出土
　　口径 7.9、高 5.2 cm

182. 黑釉杯
　　南朝
　　1988 年西乡铁仔山南朝墓出土
　　口径 7.8、高 5.3 cm

第四单元　隋唐－宋元时期

　　隋唐至宋元时期，深圳成为广东海上交通的重要门户。唐代，中央政府除了在广州设置"市舶使"专门管理对外贸易外，唐玄宗开元二十四年（公元736年）又在宝安县南头设置了独立于当地军政系统的屯门镇（其首长称屯门镇使），驻兵2000名，由岭南最高军政长官——岭南节度使直接统领。屯门镇的设立对维护东南海路的交通秩序、保证航道往来船只的安全、弹压海盗，起到良好的作用。

　　在海洋经济方面，盐业生产此时已成为深圳的经济支柱，捕鱼、采珠、养蚝、植香及海上贸易方面也有了更多的发展。

　　深圳发现的隋唐宋元时期文化遗存为数不多。但从此时期墓葬出土的其他地区所产外销瓷和10余处铜钱窖藏仍可看出，随着海上交通和贸易的发展，位处交通要津的深圳，此时的商品生产和流通都是比较活跃的。

一、南头大王山隋墓

深圳发现的隋墓仅见于南头大王山一座。墓葬为长方形土坑墓,出土青釉罐2件和陶杯1件。

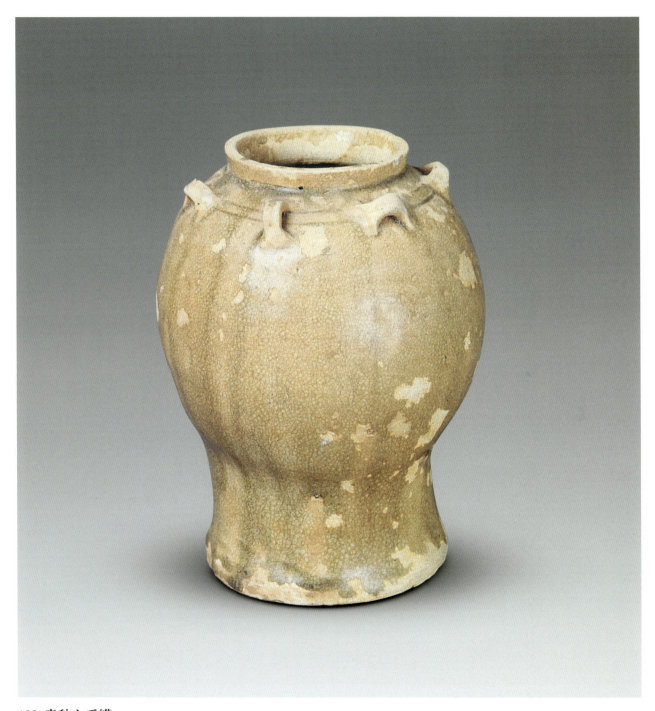

183. 青釉六系罐

　　隋

　　1980年南头大王山隋墓出土

　　口径8.5、底径11.7、高20.5cm

二、南头、福田、溪涌唐墓

　　深圳地区发现的唐墓不多，20世纪八九十年代，博物馆考古人员分别在福田沙头长岭村、南头城西郊和南郊、西乡中学后山以及溪涌等地发掘5座唐墓，除长岭村一座为砖室墓外，其余都是土坑墓。所发掘的墓葬，葬式简单，随葬品较少。土坑墓一般只有两件陶坛，一件内装稻谷，另一件内装人骨渣，可能是二次葬墓。

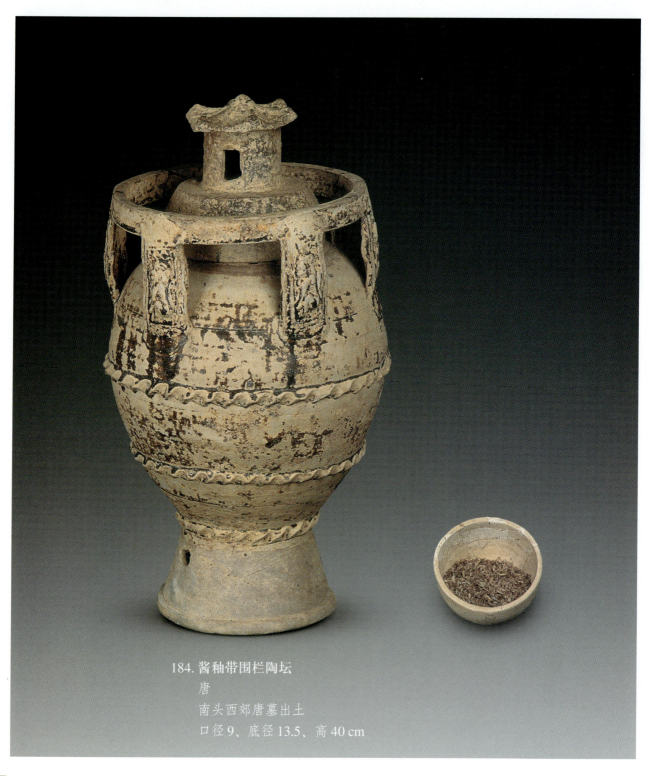

184. 酱釉带围栏陶坛
唐
南头西郊唐墓出土
口径9、底径13.5、高40 cm

185. **青釉盂**
　　唐
　　1987 年福田长岭唐墓出土
　　口径 5、高 6 cm

186. **青釉钵**
　　唐
　　1982 年溪涌采集
　　口径 18、底径 6.7、高 15 cm

三、咸头岭、岗面山、红花园等宋墓

深圳发现的宋代墓葬共有13座，分别清理于西乡岗面山、红花园、福田莲花山、西乡铁仔山和大鹏咸头岭。其中1985年在大鹏镇叠福村前的咸头岭古沙堤上清理的5座北宋墓，出土随葬品中有2件产自福建建窑的黑釉茶盏，属外销瓷。反映出深圳此时的海上交通和对外贸易仍十分活跃。

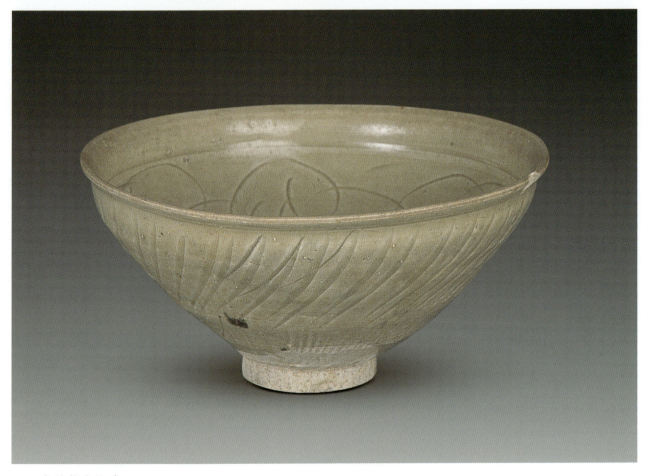

187. 青釉花卉纹碗
宋
1985年咸头岭宋墓出土
口径18.1、底径5.1、高8.8 cm

188. 黑釉茶盏

　　宋

　　1985 年咸头岭宋墓出土

　　口径 12.2、底径 4.1、高 6 cm

189. 黄釉罐

　　宋

　　1985 年咸头岭宋墓出土

　　口径 11.5、高 19.5 cm

190. **青釉碗**
宋
1985 年咸头岭宋墓出土
口径 16.7、底径 6.1、高 6.2 cm

191. **青白釉芒口碗**
宋
1985 年咸头岭宋墓出土
口径 16.6、底径 6.3、高 5.4 cm

192. 黑釉盏
　　宋
　　1985 年咸头岭宋墓出土
　　口径 11.3、底径 12、高 6.2 cm

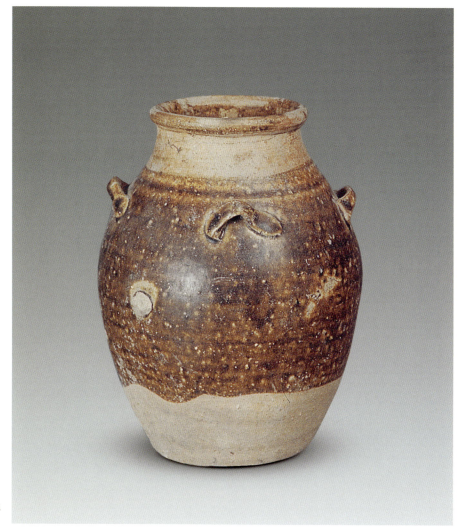

193. 酱釉四系罐
　　宋
　　1985 年咸头岭宋墓出土
　　口径 8.4、底径 8.5、高 18.5 cm

194. 酱褐釉堆塑人物陶坛
　宋
　1985年西乡岗面山宋墓出土
　口径10、底径17、高46.5 cm

195. 酱釉陶罐
　宋
　1981年南头红花园宋墓出土
　口径13.3、底径10、高24.2 cm

四、南头后海元墓

　　深圳发现的3座元墓均出自南头后海。编号为南郊M5的元墓位于现南海石油后勤基地基址上，墓中出土的2件褐彩牡丹纹梅瓶最值得称道，两件梅瓶造型优美、花纹绚丽，是不可多得的艺术珍品。

196. 褐彩开光牡丹纹梅瓶
元
1981年南头后海元墓出土
左：口径6.5、底径14.3、高37 cm
右：口径6.5、底径14、高37 cm

0　　5　　10厘米

褐彩开光牡丹纹梅瓶纹饰

197. 青釉碗

元

1982年南头后海元墓出土

口径17、底径4.8、高5.5 cm

第五单元　明清时期

　　明清时期深圳成为海防重镇，明朝政府在南头修建了东莞守御千户所城和在大鹏半岛修建了大鹏守御千户所城，并在沿海构筑了炮台、营汛、烟墩等军事设施。这些军事设施在抵御西方殖民侵略和海盗、倭寇侵扰的斗争中，发挥了重要作用。

　　明万历元年（公元1573年）深圳地区（包括香港）从东莞县析出，建立新安县，延续到民国三年（公元1914年）。

　　为了防止沿海居民支援台湾郑成功"反清复明"势力及打击海盗，康熙元年（公元1662年）清政府实行迁海政策，新安县一度被撤销，结果造成经济凋敝，人民流落他乡。康熙八年（公元1669年），朝廷下令复界，同年恢复新安县建制。为恢复新安县的人口和经济，新安县实行优惠的招垦政策，吸引了大量粤东客家人迁入新安县内，社会经济得到恢复发展。

南头城参将府《重建参将府记》碑文拓片

一、徐勋墓

徐勋（公元1476～1507年），为明代驻守大鹏所城的军官，官阶为武略将军（从五品）。墓葬原位于大鹏镇鹏城村大坑下村松树岭东麓。1984年为配合大亚湾核电站建设，徐勋墓经发掘后迁葬。

198. 青花夔龙纹碗
　　明
　　1984年徐勋墓出土
　　口径14.9、高6 cm

199. 青花缠枝花卉托八宝纹碗
　　明
　　1984年徐勋墓出土
　　口径14、高6.6 cm

200. 褐釉陶罐
　明
　1984 年徐勋墓出土
　口径 7.4、底径 6、高 10 cm

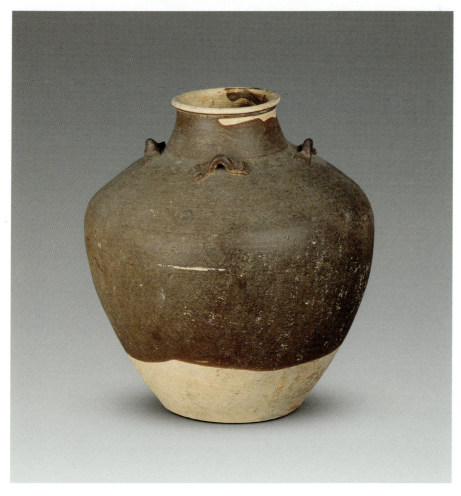

201. 酱釉四系陶罐
　明
　1984 年徐勋墓出土
　口径 10、底径 13、高 28.5 cm

二、其他明墓

　　深圳发现的明代墓葬分布广泛，除西乡铁仔山外，在南头红花园、南山村采石场、沙井中学、南头城西鹦哥山、福永白石村、南头后海、西乡铁仔山等地均有发现。墓葬多随葬陶罐、瓷器，也随葬有铁刀、铁剪、银牙签、银耳挖、铜耳环、琉璃发簪、铜钱等。其中出土的一些青花瓷碗、碟、杯，花纹精细、款式多样。

202. 青花莲池纹碗
　　明
　　1982 年南头后海采集
　　口径 14、底径 5.2、高 6.3cm

203. 青花缠枝花卉梵文碗
　明
　1982 年南头后海采集
　口径 14.7、底径 6、高 6.7 cm

204. 青花松鹤纹盘
　明
　1982 年沙冲明墓出土
　口径 19.2、底径 12、高 3.4 cm

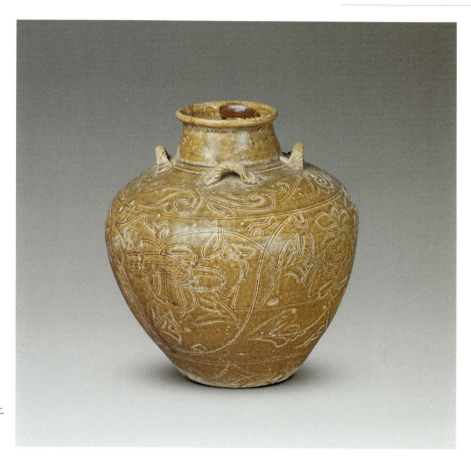

205. 青黄釉花卉纹四系陶罐
　　明
　　1983 年西乡铁仔山明墓出土
　　口径 11.5、高 29.5 cm

206. 褐釉四系陶罐
　　明
　　1983 年西乡铁仔山采集
　　口径 11.5、底径 15.5、高 31 cm

207. 铁弹
　明
　1984年市民捐赠
　自左至右，直径分别为：5cm，4cm，8.3cm，5.5cm

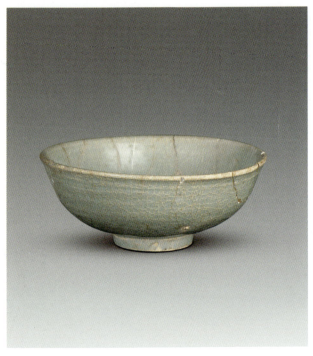

208. 青釉碗
　明
　1981年南头养殖场明墓出土
　口径16、底径5.7、高6.6cm

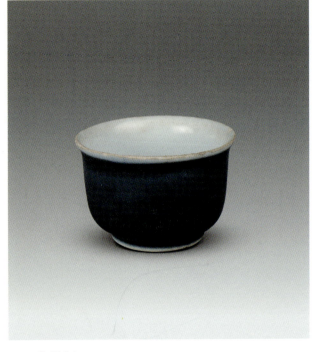

209. 蓝釉杯
　明
　1981年南头西郊明墓出土
　口径5.5、底径3.3、高3.5 cm

三、刘起龙将军及林夫人墓

　　刘起龙（公元？～1830年），字振升，大鹏城人，行伍出身。清嘉庆八年（公元1803年），任平海营右哨把总，后升任广东水师中营中军守备、南澳镇总兵等职。道光六年（公元1826年）任福建水师提督，后卒于任上。因剿灭海盗屡立战功，道光皇帝诰授刘起龙"振威将军"，并为其撰写了《御祭文》。他与夫人林氏墓葬原位于大鹏城东大坑村，1984年配合广东省核电站建设，深圳博物馆对两墓进行了发掘并将刘起龙墓迁葬。

刘起龙将军御祭文

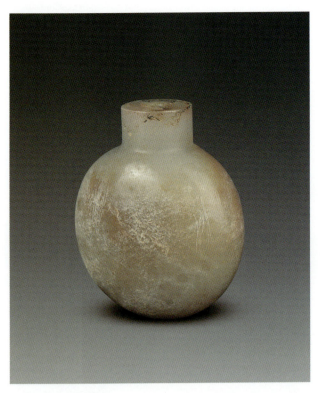

210. 白玉鼻烟壶
清
1984 年刘起龙将军墓出土
口径 1.8、高 5.5cm

211. 碧玉翎管
清
1984 年刘起龙将军墓出土
口径 1.5、长 6.7 cm

212. 菊花纹料饰件
清
1984 年刘起龙将军墓出土
直径 2.7、厚 0.3 cm

213. 青花花卉纹碗
　　清
　　1984 年刘起龙将军墓出土
　　口径 12.4、底径 6.3、高 5.9 cm

214. 绿釉陶罐
　　清
　　1984 年刘起龙将军墓出土
　　口径 7、底径 9.4、高 15.2 cm

215. 金耳坠

清

1984 年林夫人墓出土

长 4.5、宽 2 cm

216. 银手镯

清

1984 年林夫人墓出土

直径 7、断面径 0.8 cm

217. 铜旱烟斗

清

1984 年刘起龙将军墓出土

长 10、直径 2.2 cm

218. 蓝料坠
清
1984 年刘起龙将军墓出土
长 2.1、宽 1.3 cm

219. 绿料珠
清
1984 年刘起龙将军墓出土
直径 3 cm

220. 白料片
清
1984 年刘起龙将军墓出土
长 7.3、宽 3、厚 0.2 cm

221. 绿料片
清
1984 年刘起龙将军墓出土
长 4.7、宽 3、厚 0.2cm

四、南郊、西郊清墓

　　深圳的清代墓葬有着广泛分布，比较密集的有南头后海和鹦哥山等地。20世纪80年代初，随着深圳经济特区大规模的建设，墓葬遭到了极大的毁坏。这里展出的南郊、西郊清墓文物是深圳的文博工作者在推土机的车轮下抢救出来的部分遗物。从出土的陶罐和青花瓷器看，清代早期的器物继承了明代器物风格，制作也较为精良。清代中后期，随着社会衰落，陶瓷制作也显得粗糙、潦草。

222. 青花"一□杏花香十里"碟
清
1982年南头后海清墓出土
口径9.4、底径6.4、高2.1cm

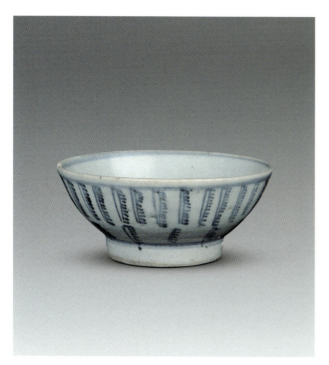

223. 青花变体梵文碗
清
1980 年南头西郊采集
口径 11.3、底径 6、高 4.7cm

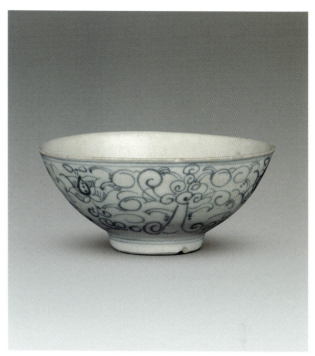

224. 青花缠枝花卉纹碗
清
1980 年南头西郊采集
口径 12、底径 4.6、高 5cm

225. 青花菊花纹碗
清
1980 年南头西郊采集
口径 13、底径 6.1、高 6.6cm

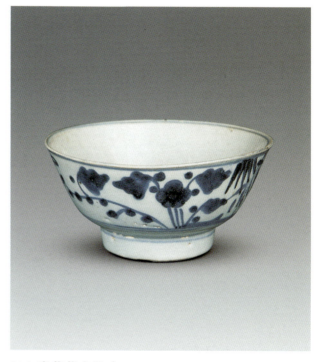

226. 青花花卉纹碗
清
1980 年南头西郊采集
口径 12、底径 5.6、高 5.7cm

227. 青花八卦图杯
　清
　1983 年南头后海采集
　口径 5、底径 2.1、高 2.9cm

228. 青花花卉纹碟
　清
　1984 年福永灶下采集
　口径 14.5、高 2.7cm

229. **青花花卉纹杯**

清

1982 年南头后海清墓出土

口径 5、高 3cm

230. **绿釉陶盖罐**

清

2000 年西乡铁仔山清墓出土

左：口径 6.3、底径 8、高 19cm

右：口径 6.7、底径 8、高 19cm

五、赤湾左、右炮台遗址

　　赤湾位于珠江口海上航道的东岸，康熙八年（公元1669年）清政府在此设置了左、右炮台，并配置守军，使之成为东莞守御千户所（南头城）的前哨、控扼珠江航道的要塞。鸦片战争期间，赤湾炮台在对英海战中发挥了重要的号炮作用。光绪十八年（公元1893年）被废弃。1984年和2005年深圳市考古工作者分别对左、右炮台进行了发掘。弄清了炮台形制、营内设施的分布，并出土了大量驻军使用的生活用品和军事用品。

231. 黄釉壁灯盏
　　清
　　1984年赤湾左炮台遗址出土
　　口径7.5、底径8.5、高15cm

232. 褐釉双铺首耳香炉
　　清
　　1984年赤湾左炮台遗址出土
　　口径10.8、底径7.8、高7.2cm

233. 青花弦纹花口灯盏
　　清
　　1984年赤湾左炮台遗址出土
　　口径8、底径6.4、高5.2cm

第六单元　抗日战争时期

1938 年 11 月，日军在大鹏湾登陆，随后攻占南头城，宝安县沦陷。当时的宝安县人民在中国共产党地方组织的发动和领导下，掀起了轰轰烈烈的抗日救亡运动，使日本侵略者一直未能长期在此驻兵据守。1941 年底，日军侵占香港后，再次占领深圳镇和南头城，从此日寇开始了对南头古城长达 5 年的驻军与侵略。

2002 年深圳市文物考古工作者对南头古城西南护城壕一带进行了发掘，其中清理了日军碉堡遗址，出土了大量日寇侵占宝安县时期的遗物，包括军用生活品、武器装备等，并弄清碉堡、马厩、水井的位置和形制。

234. 马蹄铁
抗日战争时期
2002 年南头古城遗址出土
左：宽 12.5、高 1cm
右：宽 12.7、高 1.1cm
南头古城博物馆藏

235. 玻璃药瓶
抗日战争时期
2002 年南头古城遗址出土
口径 4.1、腹径 5.1、高 11.1 cm
南头古城博物馆藏

236. 玻璃药瓶
抗日战争时期
2002 年南头古城遗址出土
口径 2.4、腹径 5.4、高 10.8cm
南头古城博物馆藏

237. 玻璃酒瓶

　　抗日战争时期

　　2002 年南头古城遗址出土

　　口径 1.5、腹径 6、高 22.6 cm

　　南头古城博物馆藏

238. 玻璃酒瓶

　　抗日战争时期

　　2002 年南头古城遗址出土

　　口径 1.7、腹径 7.1、高 29 cm

　　南头古城博物馆藏

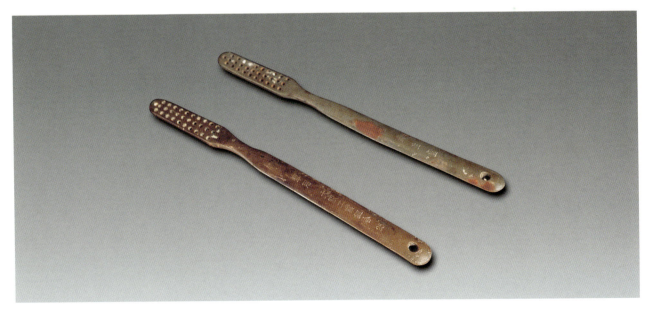

239. 牙刷

　　抗日战争时期

　　2002 年南头古城遗址出土

　　左：长 15、宽 1.1、高 0.3 cm

　　右：长 14.9、宽 1、高 0.35 cm

　　南头古城博物馆藏

后　记

　　为了集中展示深圳的考古成果及其丰富的文化遗产，形象地反映深圳的历史，根据深圳市文化局陈威局长的提议，借我国首个"文化遗产日"之良机，深圳市文物管理委员会办公室、深圳博物馆和深圳市文物考古鉴定所联合主办了"深圳7000年——深圳出土文物展"。在此基础上结集出版《深圳7000年——深圳出土文物图录》一书。

　　本书的筹划和编撰，得到深圳市文化局马松林巡视员的具体指导；深圳市南头古城博物馆和深圳市中英街历史博物馆等单位积极配合，提供部分展品；文物出版社为本书编辑出版给予了大力支持。在此一并表示衷心的感谢！

　　书中收录的出土文物，除标注为南头古城博物馆和中英街历史博物馆收藏外，其他均为深圳博物馆收藏。

　　由于时间紧迫，工作量大，书中疏漏纰谬之处在所难免，敬请读者谅解和指正。

编　者

2006 年 6 月

封面设计：张希广
责任印制：王少华
责任编辑：张广然

图书在版编目（CIP）数据

深圳7000年：深圳出土文物图录 / 深圳市文物管理委员会办公室等编.
北京：文物出版社：2006.6
ISBN 7-5010-1933-9

Ⅰ. 深…　Ⅱ. 深…　Ⅲ. 文物－深圳市－图录
Ⅳ. K872.653.2

中国版本图书馆 CIP 数据核字（2006）第 047799 号

深　圳　7000　年

——深圳出土文物图录

出　　版：文物出版社
编　　者：深圳市文物管理委员会办公室
　　　　　深圳博物馆
　　　　　深圳市文物考古鉴定所
印　　刷：北京盛兰兄弟印刷有限公司
开　　本：215mm × 285mm
印　　张：9.5 印张
版　　次：2006 年 6 月第一版
印　　次：2006 年 6 月第一次印刷
书　　号：ISBN 7-5010-1933-9/K · 1021
定　　价：150.00 元